从尿布到约会

家长指南之养育性健康的儿童
（从婴儿期到初中）

[美] 黛布拉·W.哈夫纳 Debra W. Haffner ◎著　　王震宇　张婕◎译

From Diapers to Dating:
A Parent's Guide to Raising Sexually Healthy Children
From Infancy to Middle School

上海社会科学院出版社
SHANGHAI ACADEMY OF SOCIAL SCIENCES PRESS

扫码优惠领取
配套音频全本畅听

献 辞

向我两位最好的老师：艾丽莎·哈夫纳·塔特格莱恩（Alyssa Haffner Tartaglione）和格雷戈里·约瑟夫·哈夫纳·塔特格莱恩（Gregory Joseph Haffner Tartaglione），致以最深切的爱与感激。致那个让一切成为可能的男人——拉尔夫·塔特格莱恩（Ralph Tartaglione）。

扫码立即领取

作者黛布拉博士
解答中国父母常见性教育困惑

赞 誉

在儿童性教育方面,美国性教育专家黛布拉博士的著作《从尿布到约会》实在是棒极了,它科学、实用,有极好的实操建议,建议每一个家庭都配备一本,以呵护您的孩子在可能遭遇各种困难的成长过程中,成为一个性健康的人。

——《心理营养》作者林文采博士

一本很有价值的书……能帮助孩子发展出舒服自在、持续而有建设性的亲密关系。

——《华盛顿邮报》(*Washington Post*)

现实、实用、信息丰富,一本让你成为更好父母的最佳指导用书。在向孩子传递什么样的性价值观方面,哈夫纳为家长提供了非常明确的帮助。

——《科克斯书评》(*Kirkus Reviews*)

一本异乎寻常的妙书。

——《时代》杂志（*Time Magazine*）

我认为每个有16岁以下孩子的家庭，都应该配备此书！作者极力反对父母给自己贴上保守或自由的标签，拥护儿童接受可靠知识的权利，以便滋养与呵护他们性与情感的成长。

——华盛顿大学社会学教授佩柏·舒瓦茨博士

（Dr. Pepper Schwartz）

这本书是性健康教育非常重要的信息来源，从各个方面给予了父母们合情合理的建议与指导，可供反复阅读。它不仅教你怎样与孩子谈论性，还帮你思考并决定应该对他们说什么。《从尿布到约会》注定是一本育儿经典！

——《我的身体怎么了？》作者琳达·玛达拉斯

（Lynda Madaras）

目 录
Contents

自 序（第二版） // I
序 言（第一版） // IV
译者序 // VI

第一章 基础篇

性健康的家庭 // 7

关键：发现可教时刻 // 7

沟通指南 // 11

父母小贴士 // 23

第二章 婴儿和学步儿（0～2岁）

价值观练习（0~2岁） // 26

婴儿的性发展 // 31

父母的感觉 // 32

触摸的重要性 // 34

关于包皮环割术的决定 // 35

从医院回到家的第一天 // 38

教孩子认识身体部位 // 39

生殖器探究 // 43

考虑性别角色 // 46

特别话题

孩子的照看者 // 49

第三章　学龄前儿童（2～5岁）

价值观练习（2～5岁） // 52

认识身体部位 // 54

洗浴时间 // 57

"我想单独待着！" // 60

生殖器触摸 // 61

"我们正在扮演医生，妈妈" // 65

友谊与情感 // 70

"我长大了要和妈妈结婚" // 73

"我的儿子是同性恋吗？" // 77

"我是从哪儿来的？" // 82

当父母正做爱时孩子走进来 // 86

特别话题

幼儿园中的性问题 // 90

性侵害 // 91

第四章　小学低年级（5～8岁）

价值观练习（5～8岁） // 102

孩子正在长大 // 103

告诉孩子生命的来源 // 107

男孩女孩一起洗澡 // 114

手　淫 // 116

孩子间的性游戏 // 117

友　谊 // 119

"假小子"与"娘娘腔" // 121

孩子去别人家里玩 // 123

"但是所有的孩子都看它" // 125

新　闻 // 134

积极参与孩子的学校生活 // 136

"你有艾滋病" // 139

"哦，S@#S!" // 140

"布兰妮综合征" // 143

特别话题

离婚问题 // 147

父母约会 // 148

当孩子不是以"妈妈和爸爸彼此相爱"的方式怀上时 // 150

第五章　小学高年级和初中（9岁以上）

价值观练习（9岁以上） // 158

为青春期做准备 // 160

为女儿的青春期做准备 // 161

为儿子的青春期做准备 // 167

让男孩和女孩了解对方的身体变化 // 172

早发育者和晚发育者 // 172

"我正常吗？" // 175

情感发展 // 176

对待从不提问的准青春期孩子 // 184

手　淫 // 188

男孩女孩"一起出去" // 189

"妈妈，我想我是个同性恋" // 200

身体形象、外貌与饮食 // 202

少男少女杂志 // 209

爸爸，你会给我买《花花公子》吗？ // 212

网　络 // 215

特别话题

学校里的性骚扰 // 222

怎样评价家庭以外的性教育 // 225

后　记 // 231

致　谢 // 234

附　录 // 237

自 序（第二版）

十年巨变。1998 年，在我写第一版《从尿布到约会》时，我们还未听说过耐甲氧西林金黄色葡萄球菌（MRSA，抗药性细菌）、西尼罗病毒（West Nile Virus）或基地组织，几乎没有人会想到"9·11"事件。与那时相比，现在我们的世界似乎变得更小，却更不安全了。

这些也都影响着性行为的变化，因此有必要更新本书。关于失足青少年的报道有所减少，事实上，与 15 年前相比，青少年在性问题上变得更有责任感了。从 20 世纪 90 年代到 21 世纪初，美国青少年的怀孕比例一直在稳步下降，现在处于最低水平。同期，青少年的生育与堕胎比率有所下降，酗酒与吸毒比率也在下降。

1998 年，我写过一些关于网络与儿童的文章。随着即时通讯、聊天室、社交网站的发展，越来越多毫无隐晦的性信息，通过网络更便利地进入家庭，我想是时候拓展这一部分的内容了。我们似乎每周都能从网上发现一些成人被捕的消息，他们通过互联网向儿童传播色情内容，并试图在线下诱拐儿童。保护孩子们的安全，免受那些人的伤害，已经变得越来越困难，却越来越紧要。不过，网络的发展也意味着，我们有更多的资源帮助家长与孩子们交流与性有关的内容。在第一版中，我只列出了少数网站，这一版将会包含更多的网站资源。

生殖技术的变化，使有些父母在回答"我从哪里来的"这个问题时，变得越来越复杂了。25年前，第一例试管婴儿诞生；如今，由于辅助生殖技术的成熟，代孕越来越常见，每年会因此出生3.5万多名婴儿。当你的孩子不是以"妈妈和爸爸爱爱的方式"孕育时，本书包含的这些新议题将会为你提供参考。

如今，孩子们成长于有关性取向的讨论环境中。很多黄金时段的电视节目都会有男（女）同性恋的角色。《纽约时报》等近200种报纸都包含有同性结合的征告。在马萨诸塞州，同性婚姻已成为合法婚姻，其他一些州也认可它为合法结合。近期的法庭决议会支持男同性恋与女同性恋的一些权益。面对这些议题，如何教育孩子，向他们传递自己家庭的价值观，已经迫在眉睫。

我们现在更能理解儿童期的性别混乱行为。对于那些无法明确划入男性/女性的儿童来说，出现了很多能帮助他们的新机构和新方法。双性人权利运动引发的挑战也在增加。那些出生时外阴性别不明的成年人，之前被称为阴阳人，如今也在质疑出生时的性别划分，坚持称自己为双性人。变性活动也变得越来越直言不讳和常见了。

在更普通的层面上，流行文化也日新月异。辣妹被帕丽斯·希尔顿和琳赛·罗韩取代。小甜甜布兰妮·斯皮尔斯现在已长大成人，有了自己的孩子，但她仍然被一些青春少女崇拜，竞相模仿她那暴露的着装与高调的言谈举止。阔腿裤与松垮的牛仔裤被露脐上衣与低腰紧身牛仔裤取代。

在过去几年中，我的观点也有了一些改善，这些变化也都体现在新版本中。我不再担任性知识教育理事会会长兼首席执行官的职位，2003年我被授予了一神普救派（Unitarian Universalist）牧师之职，筹划一神普救派教会的准备工作。本书第一版出版的时候，我的儿子年仅5岁，如今他已经上高中了，女儿也已读完了大学，开始了独立生活。在养育儿子和女儿遇到的挑战方面，我掌握了第一手经验，我帮助一位年轻女士与一位年轻男士走过了善变的青葱岁月。

本书第一版出版之后，我有幸与成千上万名家长对话。他们提出的问题并未包含在第一版中。每次演讲之后的问答环节，总会对我提出新的挑战，我已尽量把一些所学融入这本新版书中。我还写了一本新书，名为《21世纪父母必读》（What Every 21st-Centry Parent Needs to Know），来讨论更广泛的育儿议题。

然而，未曾改变的是，父母们总是希望自己比上一代更尽职地做好孩子的性教育。事实上，如果我有什么新发现，那便是：我注意到父母们更迫切地想向孩子传递自己的性价值观。我们精心保护孩子们的安全，但也希望他们长大成人后，能去享受并领会亲密关系中性的美好。希望这本书对你和你的家庭有所帮助！

序 言（第一版）

我妈妈写了这本书。

我妈妈是从事性教育工作的，有这样一位妈妈，不是一件轻松的事情。有些时候，面对新朋友及其父母甚至我的老师，我觉得很难开口介绍我妈妈的职业。

不过，总的说来，好处要比坏处多。从我能记事起，我们就经常在家谈论性知识——在晚餐桌上，在看电视的时候，或者在汽车里。

以下是有一位性教育专家做妈妈的好处：

◎ 我总是可以向妈妈请教任何疑问和难题。

◎ 我已经为步入青春期做好了充分准备。

◎ 在幼儿园的时候，我就认为男女平等。实际上，我的出生通知早已宣布我是女性婴儿（baby woman）。

◎ 在自然实践课与家庭作业方面，妈妈给予了我极大的帮助。上小学一年级时，我的实践课参展作品就是关于儿童与艾滋病的。

◎ 与大多数朋友相比，我在谈到自己的身体时更自在一些。

◎ 任何男孩都不能强迫我做我不愿意的事情。

◎ 我知道，随着我一天天长大，我妈妈会始终在那里，为我和我的朋友们提供支持。

据我所知，与父母建立起这种关系的孩子并不多。这太不幸了！请记住，与孩子谈论性知识非常重要。我知道妈妈帮助了我和弟弟，让我们在性方面能健康成长。现在，让她也帮助你们吧！

艾丽莎·哈夫纳·塔特格莱恩（13岁）

译者序

走向性健康

这不再是一个羞答答的时代。

近20年来社会的急剧变化,已经使传统的中国置身于一个全新的性场景之中。性从讳莫如深的氛围中渐渐凸现出来,从深闺走向了生活的前台。过去人们谈性色变,现在不少人不仅不再讳言性,反而对之津津乐道。在缤纷的都市生活中,性问题尤其成为一个不可忽略的所在,其中最令人担心的莫过于青少年中出现的性问题。

青少年时期是性萌动的时期,伴随着第二性征的出现,少男少女们也萌发了明显的性好奇。这种性好奇与幼儿园和小学时期的有明显不同,它不再只是一种简单的心里好奇,而且具备了生理基础,并随时有可能演化为各种各样的性行为。青春期的问题并不始自青春期,而是源于孩子在更小的时候是否接受过适当的性教育。如果孩子在青春期到来之前缺乏健康的性教育,那么他们在今天这个开放的社会中生活，就有可能出现一些比较严重的性问题。因此，父母在自己孩子成长的每个阶段，对他们进行适当的性教育，已经成为一个刻不容缓的问题。

但是进行性教育和性病预防也有阻力。记得几年前有人建议在公共场所设立避孕套自取处时，不少人曾愤怒地高呼反对，认为这是对青少年的性教唆，是诲淫之举，怕因之把那些天真无邪的青少年带坏。可是，在这里，我想问一句：作为家长，作为长辈，你们在性方面对自己的孩子、对今天的年轻一代究竟有多少了解？再说，过去并未有人进行过这种所谓的性教唆，那么多的性问题又是从哪里产生出来的呢？且不说艾滋病和其他性病今天在中国已呈蔓延之势，单就少女、未婚青年女性因无保护性交而造成的无数怀孕和流产事例来看，性的无知已经对诸多青少年女性造成了严重的甚至是终生无法弥补的损害，比如有的因人流过度刮宫而造成终身不育。对青春期性发育的无知，也使数以万计的青少年产生性方面的精神性疾病。有的孩子因觉得自己性发育不正常而忧虑成疾，有的孩子因受到性侵害而终生对性抱有恐惧心理。

目前，市面上有一本影响颇大的以时下中学生性现状为主题的书，尽管该书只采访了十多个青少年的性经历，但已足以令今日中国的父母们振聋发聩。因为它用醒目的事实告诉我们：在性方面，我们并不了解自己的孩子。孩子已不再天真，他们卷入性活动的程度已经远远超过我们的想象。我认为书中总结的两个统计数据最具震撼性：(1)书中那些学生初次发生性行为时，100%不用安全套；(2)他们有过性行为的事实，父母100%不知道。在我自己所做的一些研究中，也无数次地遇到过相似的案例。

是做一个若无其事、掩耳盗铃的父母，听任自己的孩子继续背着你们进行性活动，还是正视现实，积极地对他们进行性健康教育呢？我想，作为孩子的父母，尤其是独生子女的父母，谁都希望自己的孩子能在所有方面都健康快乐地成长，谁都愿意自己的孩子能在各方面都接受良好的教育。但对孩子进行性教育，最理想者莫过于其父母。由于我国社会长期的封建性，使中国人很长时间以来一直把性看作一种丑陋的东西，不仅不可能对孩子谈性，就是大人之间也对此羞于启齿。这在昔日封闭的中国倒无所谓，但在今日开放的中国，在这个高科技简直要主宰万物的时代，在性信息狂轰滥炸的网络高速公路旁，仍然想让你的孩子长期与性信息绝缘，让他们长期处于性蒙昧之中，只能是一种不切实际的幻想。回避是不行的，正确的做法只能是：正视这个时代，尽早地对孩子进行合理的性教育。

在一个追求生活质量的时代，只有一个性健康的成人才可能拥有幸福的恋爱和婚姻生活。而对孩子进行性教育的目的，也不单单是为了预防性问题的危害，更重要的是让他们成长为性健康的成人，在性方面拥有幸福快乐的感受，能够更完美地享受人生。但是，我们知道，只有性健康的家庭，才能培养出性健康的孩子，从而培养出性健康的成人。因此，父母在准备对自己的孩子进行性教育之前，首先应该检查一下自己是否拥有正确的性教育常识、健康的性观念和性行为。我想，大多数中国父母在这方面并不具备完善的性教育常识和丰富的性教育经验。他们自己也需要学习，也需要一本系统讲述家庭性教育的好书来指导他们。

在这样一个特殊时期，应当前中国家庭性教育的特殊需要，我们翻译了美国性知识教育理事会主席、性教育专家黛布拉·哈夫纳的

《从尿布到约会》一书，希望它能在新时期，为我国父母对子女进行性教育，起到特殊的推动作用。

在该书中，黛布拉·哈夫纳集她本人在美国 20 多年性教育工作和研究之经验，极为系统、详尽、清晰地向父母们讲述了应如何对自己的子女进行性健康教育。对于传统的中国，其中的诸多观点、见解，足以引起成千上万中国家长的关注。以下几点就是与中国人的传统习惯极为不同之处：

◎ 和中国传统文化传递的性羞耻感不同，该书反复强调要让孩子懂得性的美好，让他们学会享受性的愉悦。换句话说，让他们认识到性也是好东西。

◎ 和传统的中国父母从不在家里对孩子进行性教育不同，该书力主父母要及早、及时、长期地与孩子们谈论有关性方面的问题。

◎ 和中国人羞于说性器官的名称不同，该书主张让孩子从小就学说性器官的正确名称，以免父母不在场时，若发生了与性器官有关的问题，其他成人能知道孩子出问题的性部位在哪儿，及时对之施救。

◎ 和我们干巴巴地讲生理解剖开展性教育不同，该书注意把心理和生理教育有机地结合起来，力图使孩子在很小的时候，就学会建立良好的人际关系。实际上，性和感情也确实是浑然一体的，一个情商很低的人，一个连朋友关系都建立不好的人，无论他（她）有多么正常的生理功能，也不可能与异性进行融洽和良好的性沟通……少成若天性，习惯成自然，如果一个人在小的时候就养成和人良好的沟通习惯，那么等他长大成人时，与自己伴侣的沟通就会顺利得多。

该书简明扼要，画龙点睛。在其每个章节中，都针对孩子某个具体的发展阶段，以最简明的语言勾勒出便于孩子学习和了解的要点。

该书也适合于做性教育手册之用。如果家长读者没有耐心逐段阅读，而又想了解某些方面的性教育内容的话，可以从标题中查明感兴趣的书页，直接查看所需。

该书也是幼儿园和中小学老师最好的性教育参考书；对于大、中学生，自己看会更为贴切；其他一些成人也开卷有益，可以弥补一下自己未接受过良好性教育的缺陷。

我们必须看到，因为本书所写的内容主要是针对美国社会的，因此在有些方面和我国的现实还有一定差距。但我们更应该看到，这里所说的性问题，有的已经在我们身边发生，有的尽管还未发生，但离我们也并不遥远。聪明的人会防患于未然，不会等到问题成堆时再去抓耳挠腮。

中国家庭性教育要走的路还很远，但如果我们从今天开始，路就在脚下。

王震宇
2004年3月1日

译者简介：王震宇，女，中国社会科学院社会学研究所研究员，国内著名婚姻家庭问题专家。

第一章 基础篇

我曾经以为对自己的孩子进行性教育并非难事。

毕竟，我是一位有着20多年经验的性教育者。关于性知识，我知道我想给孩子们教些什么，我清楚应该给他们传达什么信息，并且我以为自己能解答可能会出现的任何问题。毕竟，多年来，我为父母们主持过多场研讨会，讨论家长如何与孩子交流性知识。

然而，我错了。

教育自己的孩子了解性知识比我想象的要困难得多。不过，实践证明，这也是为人父母最有价值的经历之一。

老实说，当我那未满两岁的女儿，在展览馆指着一幅乔治亚·奥基夫的油画，大叫"外阴"时，我有些不知所措；同样地，当儿子刚做了阴茎包皮切除手术，每天需要清理数次时，我也没有做好准备；当4岁的女儿艾丽莎（Alyssa）无比迷恋芭比娃娃的时候，我不知道该说些什么；当3岁的儿子格雷戈里（Gregory）不愿在学校上厕所的时候，我也不知道该做些什么。当女儿艾丽莎13岁进入青春期时，为了帮她更好地面对可能的挑战，我几乎每天都有些力不从心。记得在她12岁时，我们发生过一场争论，她这样总结了理论与实践的差距，"妈妈，亏你还是我这个年龄的专家！"

性教育者都认为，父母是孩子的第一位——也是最重要的性教育老师。他们让孩子初步了解性别角色、人际关系、价值观，有了对自尊和关爱的最初感悟。对于婴儿和学步儿，父母与他们说话、拥抱、玩耍的时候，也是进行性教育的时候。到孩子稍大些，他们与家庭成员发展彼此关系、观察成员互动的过程，便是他们继续学习性内容的过程。大多数青少年都希望父母是他们最重要的性知识来源。

然而在这一重要领域，我们绝大多数父母却让孩子大失所望。十之八九的父母都认为，为孩子提供性教育是他们的职责，然而很少有人能实际做得好。在美国，仅有1/4的成人表示，他们的性知识是从父母那里学来的，很多人想要做得比父辈更好，特别是那些在二战后"生育高峰期"（1947～1961年）出生的人。不过，尽管意愿强烈，但很少有人知道需要的性教育技巧、更自如的态度和相关知识信息。

事实上，现在的许多父母一直拖到孩子进入青春期时才开始谈论性知识。每周都有不少父母给我打电话，询问他们应该怎样对11～12岁的孩子进行严肃的性教育。问题是，郑重其事地交谈并不可行，或许从来就没有起过作用。如果你的父母曾给你进行过这样的性教育，也许你能记起的只有父母的尴尬与不自在。并且，为了让父母尽快摆脱窘境，你很可能会用诸如"噢，爸爸，你要说的我都知道了"这类的遁词。

但是，在这一领域也充斥着大量错误信息，不少文章都对如何与孩子开展这一重要谈话提出了建议。例如，《家庭生活》杂志曾有一篇专栏文章建议,对于一位11岁女孩的妈妈,可以"时不时地与孩子进行简短、随意一点的交谈,选在光线昏暗的地方或开车时进行,避免你们有目光碰触。因为谈论性是令人尴尬的。"

实际上,与孩子分享性价值观,为孩子提供性教育,是为人父母的最大快乐之一。如果你的父母从未与你交流过性知识——我承认要做到这点的确有些困难,但没必要在黑暗中进行,也没有必要感到难为情,它甚至可以很有趣。

几年前,我到外地去参加好友儿子的新生派对。在那里,我见到她的一位朋友,这位女士看起来温文尔雅、精明能干。她问我是干什么的,在得知我的职业之后,她不以为然地说:"我认为,在孩子没有做好准备之前,不应该与他谈及性知识。"我客气地问她的孩子有多大,她说她有两个孩子,一个仍在襁褓中,一个已满6岁。我问她,她的儿子是否曾经问过他是从哪儿来的——在孩子3～5岁的某个时候,大多数父母都会听到这个问题。她回答说:"是的,他问过。我告诉儿子,他出生在白菜地里。"

我惊呆了。这位与我同龄的女士,不仅没有回答儿子的发问,还对他撒了谎。最糟糕的是,她还对自己的回答感觉良好。她向儿子传递的是什么样的性信息呢?无意间,她已告诉孩子,她不愿与他谈论性知识。当孩子最终得知真相——也许几周后某位高年级男生就告诉了他——他就会意识到妈妈在重大问题上对他撒了谎。不幸的是,她同时也向儿子传递出,她并不在乎他的好奇心。而且最重要的是,她已让儿子明白,在性知识方面,妈妈并不是合适可靠的信息来源。当孩子真的步入青春期之后,他或许不愿与妈妈谈论这些事情,即使她这时已做好交谈的准备了。

孩子在3~5岁的时候经常会问:"我是从哪儿来的?"很多父母会给出类似"你出生在白菜地里"或"你是从山沟里捡来的"的回答。这样的回答会让正在成长的孩子认为:在性知识方面,父母并不是可靠的信息来源。

我之所以写这本书,是因为我坚信,让孩子了解性知识与家庭价值观是父母的职责。性教育实际上从婴儿期就开始了,并且对孩子来说,在他们成长的每一年龄段都有不同的知识和信息需要了解。

我之所以写这本书,还因为我知道在这方面父母也存在着疑惑。他们想让孩子有一个好的开端,他们想让孩子在长大之后,对自己的身体感觉良好,并且能够建立起终生的积极的人际关系。在处理有关性的问题时,父母希望做得比父辈要好,但是他们不清楚该怎样入手。实际上,性教育从产房就开始了。也许很难把一个婴儿想象成有"性特征"的人,然而许多专家都认为,性特征是人类从出生到死亡终生相随的一部分。

现在,在你感到困惑之前,让我先解释一下"性特征"与"性交"或"性行为"之间的区别。性特征讲的是:我们是谁,是男性还是女性,而不是我们用身体的某个器官做了什么。性特征涵盖的内容远远超过了性行为。人们在听到性特征这个词的时候,通常只听到了"性",而自动忽略了"特征"。正如我的一位已为人母的同事所说的,"你说性知识,但我们听不见'知识'这两个字。"引导孩子了解性知识,并不仅是让他们认识人体解剖与生育,而是当他(她)是男孩(女孩)时,引导他(她)认识自己、回答"我是谁",并为将来成长为怎样的男人或女人奠定基础。性教育是教孩子掌握一些技巧,以便现在和将来能够建立良好的人际关系。

我过去服务的机构——性知识教育理事会——认为,性教育包括个体的性常识、性观念、性态度、性价值取向和性行为。换句话说,你的性知识不仅仅取决于你的身躯和情感,它还取决于你的文化背景、家族历史、教育状况、人生经历以及宗教信仰。

性健康的家庭

我认为，性健康的家庭会培养出性健康的孩子，这些孩子长大后会成为性健康的成人。什么样的孩子是性健康的呢？他们对自己的身体感到自豪；尊重家庭成员，尊重其他的孩子与成人；理解隐私的概念；能做出与年龄相符的决定；在向父母询问有关性的问题时，他们感到自在；已做好迎接青春期变化的准备。在一个性健康的家庭中，父母会认为，教育孩子了解性知识，与培养他们的家庭责任感、宗教信仰和自尊同等重要。他们是孩子"可以随意发问的父母"。孩子也知道，这些问题可以让自己与父母的关系更亲密。这类家庭的父母会寻找机会与孩子主动谈论性，而不是等他们来问。并且，这些父母也知道，他们所做的，以及对待每个家庭成员的实际行为，比所说的更重要。

了解性知识是一个循序渐进的过程。每年，性健康的家庭都会为新挑战做一些准备，他们一步一步来。当然，父母不应该向5岁的孩子详细讲述避孕措施，但是他们一开始可以告诉孩子，每个婴儿都需要得到关爱和照顾，大人会有所计划生育，规划家庭中小孩子的数量。这将为以后更深入的讨论奠定基础。

关键：发现可教时刻

性教育专家经常提到，要寻找生活中的"可教时刻"和"黄金机会。"你可以寻找那些很容易切入的机会，而不是等着对孩子进行单次"郑重其事"的性谈话。比如，如果你与4岁儿子在公园或商店看到一位怀孕的妇女，你可以告诉他，"那位阿姨怀孕了，肚子里有一个小宝宝，它正在她身体里一个叫子宫的地方慢慢成长"；当你和9岁的儿子驱车行驶时，收音机里播出了关于治疗艾滋病的新方法，你可以趁机给他谈一点有关艾滋病这种性传染病的知识。在以后的几个章节中，我会帮助父母们在日常生活中寻找并利用这些"可教时刻"。

今天的孩子们处在一个信息爆炸的时代——电视、电影、音乐、广告，还有周围的亲戚朋友，都会在孩子很小的时候，让他们耳濡目染地知道一些怎么扮靓、如何吸引异性等信息，当然这其中也免不了性。但我们做父母的，却不希望孩子过早接触到这类信息。

我认为，要教给孩子什么样的性价值观是由父母来决定的。通过这本书，你将学会发现问题，并学会如何通过练习把你想教的东西传递给孩子。每个家庭都有自己的一套价值观，与孩子分享它们是你的权利，也是你的责任。

但是你知道你想与孩子传递的是关于性的哪些价值观吗？许多父母发现有效的做法是，提前考虑他们自己的性价值观，就这些价值观相互展开谈论，然后再决定他们想与孩子分享哪些信息。虽然大多数人对性价值有一种普遍认识，但是他们会发现讨论这些性价值比他们意识到的要复杂得多。

这里有一个简短的测验，可以帮助你开始思考，你自己对性和孩子问题的价值观。这些问题没有对或错，最重要的是你思考自己的想法，然后决定你要传递给孩子的信息类型。

你赞成还是反对下述观点？

- □ 男孩和女孩应该有同样的玩具。
- □ 当孩子看见我的裸体时，我觉得没什么。
- □ 应当允许婴儿触摸和玩弄他们的生殖器。
- □ 我的孩子长大后如果是同性恋，我也不会介意。
- □ 教孩子有关性知识，应该是妈妈的职责。
- □ 不同性别的5岁双胞胎可以一起洗澡。
- □ 儿童应当知道他们生殖器的正确名称。
- □ 过早地教孩子有关性的东西，会伤害他们。
- □ 父母绝不能在他们的孩子面前争吵。
- □ 7岁女孩有男朋友，是很可爱的。
- □ 父母可以给他们正蹒跚学步的女儿扎耳洞。
- □ 父母可以给他们正蹒跚学步的儿子扎耳洞。
- □ 卡通片里包含着许多性别歧视形象。
- □ 我希望自己是向孩子传授性交知识的那个人。
- □ 过度地爱孩子会惯坏他们。
- □ 父母应该严密监视孩子的电视。
- □ 我孩子11岁时可以参加集体约会。
- □ 在孩子上高中之前，父母应为他们设定穿衣标准。
- □ 我想让我的孩子到结婚时才有性交。

上面列出的只是少数几条你需要思考或与家人讨论的问题，回答起来会有一定的难度。如果父母双方在这些问题上看法一致，那就好。但有时父母的确会在其中一些问题上有不同的看法，那就需要夫妇之间彼此讨论这些不同见解，并同孩子一起讨论如何处理这些差异。比如，夫妻两人可能在流产问题上争执不休，你可能主张人工流产，而你的伴侣则反对人工流产。需要让你的孩子知道，父母即使对问题有不同看法，也能彼此相爱，这是很重要的。通过本书，你们两人都有机会思考自己的价值观以及想传递给孩子的是什么。

我也努力分享一些最有价值的信息，帮助你们指导孩子成长为性健康的成人。我将强调那些与家庭价值观有关的问题，比如你对婚前性行为和避孕的态度，以及会影响孩子发展为性健康成人的问题。后者包括，你希望让孩子知道，爸爸妈妈认为手淫是错误的；但是，为了不让孩子对此产生终生的耻辱感，还需让青春期的孩子知道，手淫不会造成身体和精神上损害，这点也至关重要。

这本书将帮助你把想法传递给孩子，但我也的确有一些想让你们了解的个人见解。我相信，为孩子将来学习性内容，甚至为其成年后性生活打下基础的，正是其父母。我也确信，不能对孩子撒谎。我很强烈地感觉到，教孩子性方面的内容，不能一蹴而就，这是一个缓慢且持久的过程。父母需要好好思考，怎样在这个重要问题上教育孩子，而不只是被动地等孩子来问这些问题。我也会告诉你我对其中一些问题的看法，以及我在自己家里是怎样处理这些问题的，以此作为鼓励你思考处理自家问题的一种方式。

我从事了 25 年以上的性教育工作，曾在美国最大的性教育交流中心"性知识教育理事会"担任了 12 年的主席。我和我的丈夫拉尔夫（Ralph）已结婚 25 年了，能够成为艾丽莎（22 岁）和格雷戈里（14 岁）的父母，我们感到骄傲——非常骄傲！在 2003 年加入一神普救派教会之前，我是我们教堂"主日学校（Sunday school）"一名很活跃的

成员，同时也是孩子学校家长活动的活跃分子。换句话说，我和本书的大多数读者一样，都为人父母。

沟通指南

这里有一些基本沟通指南，对与孩子谈论性问题有所帮助。它们源于我的个人生活和职业生涯。

记住，孩子希望与你谈论你的性价值观。孩子希望与父母谈论性话题，他们需要听你们的意见。他们希望父母在他们遇到具体性问题时给予帮助，也想知道父母对这些重要问题有何想法和感受。比如：在孩子小学低年级时，你可以告诉他们一些有关生殖繁衍的事实，以及你对性和未婚养育的态度和看法等。孩子都爱听自己父母的故事，他们想知道父母在长大过程中是怎样处理这些问题的。大量调查显示，青少年希望能从父母那儿学习相关性知识，但遗憾的是，他们的父母没有和他们充分谈过这些问题。

不要只是被动地等孩子来问问题。有些孩子会提出许多有关性的问题，有些孩子却从来不问。比如，在我们家，女儿丽莎总是好奇和直率的，而她的弟弟格雷戈里问问题要少得多。所以，父母不要只是被动地等孩子来问问题。事实上，在孩子小的时候，父母不会等他们来问，才去教他们过马路时要左右两边看，不要用手去摸热炉，或者教他们有关神或宗教的传统。对孩子成长非常重要的问题，有关我们生存的这个世界及相关价值观、有关性的问题等，我们要主动地预先告知他们，这是做父母的职责。至于要让孩子知道哪些有关性的重要内容，要由你来决定，由你来想办法告诉他们。

鼓励孩子提出问题，需要让他们相信你们是"可以提问"的父母，乐意在一些困难的问题上帮助他们，并且会给出真实的答案。

鼓励你的孩子提出问题。如果你告诉孩子，必须等他们长大一些，才回答他们的问题，这绝不是个好主意。需要让孩子知道，你是一个"可问的"父母，让他们相信你会给一个真实的答案。你可以通过比如"我很高兴你来问我那些问题"之类的话，让孩子们知道你乐意在一些困难问题上帮助他们。

如果不知道答案，也没有关系。做父母的常常担心他们会不知道怎样回答孩子提出的性问题。如果你不知道答案，就如实说，绝不要遮遮掩掩的。你的孩子可能会由此而获益，因为他们会通过这点知道，每个人都会有不懂的事情，都需要学习。如果你的孩子已经上学了，你可以建议一起去图书馆查找问题的答案或者一起在网上搜寻答案。

比起与孩子讨论如"宗教"或"死亡"等其他一些人生重大问题，讨论"性"话题则要容易得多。我家孩子3岁时曾问我"人为什么会死？"，我一下子被问住了，不知怎样回答。在许多情况下，孩子们提出的性问题——特别是有关人体解剖结构和生育的——还是能从书中找到有事实根据答案的。

在本书的每一章，我会提供一些特定性主题的适龄信息。这些信息自国家指导方针改编而成，国家指导方针由一流教育家、心理学家和青年工作者组成的特别委员会编写。

觉得不太自在是正常的。常有父母告诉我，在与孩子谈论性问题时，他们有些害怕，担心看起来不自在或有些尴尬。这是正常的。我自己在面对孩子提性问题时，也不都是很自在的，尽管我还是性教育工作者。告诉孩子，与他们直接讨论性问题，这对你来说本身是困难的，祖父母们也从未和你直接交流过（如果情况属实的话），所以请孩子理解你的困难。尽管这样，你还是希望与他们直接谈论，因为你爱他们并且希望有所帮助。

大一些的孩子有时会问父母一些非常私密的性问题,比如他们会问"妈妈,你第一次有性关系是在什么时候?","爸爸,你和妈妈多长时间做一次爱?"等等。如果你不愿把你自己的性史告诉孩子,是完全可以理解的,但最好不要完全拒绝他。你可以这样说,如"现在告诉你我的个人行为,我会觉得很不自在,但是听起来,你是想知道,怎样确定是否做好了过性生活的准备。好,我们现在来谈谈这个吧!"

寻找"可教时刻"。性教育家把"可教时刻"定义为,自然且容易为孩子提供性信息的时刻。比如,你们正在看的电视或电影中出现了性画面的时候,你们在一起阅读一本书的时候,你在给学龄前孩子洗澡的时候,或者你正在给襁褓中的孩子换尿布的时候,当你和五年级的孩子正在路上开着车,从收音机里听到一个有关性骚扰的故事的时候……这些对你来说都是非常好的"可教时刻"。本书的每一章都会告诉你,如何发现并利用这些可以对孩子进行性教育的好时机。

认真聆听孩子的话语。当孩子问你一个性问题的时候,你可以反过来问他们,目前对这个问题了解多少,或者为什么会问这个问题。有时候做父母的容易对孩子喋喋不休,但真正聆听他们说些什么却经常比较困难。尝试好好聆听你正在成长孩子的谈话内容,比如你女儿正上三年级,暗恋班里的一个男孩,虽然这件事在你看来是傻乎乎的,但对你女儿来说却是很重要的。现在你表现出的乐意聆听的意愿,可以为你们以后谈论诸如约会、性行为等奠定基础,这些是她进入青春期后必须要面对的问题,须自己做出决定。

仅谈论事实是不够的。与孩子分享信息是很重要的,但仅仅如此是不够的。还需与他们分享你的感觉、态度、价值观和信念,确定地

告诉他们，你为什么觉得要这么做。告诉孩子价值观背后的原因，会帮助他们思考，也会让他们了解更多的有关自己的家庭、文化和宗教。大量的研究结果告诉我们，孩子要依靠父母的引导和帮助，来发展他们自己的价值观。许多父母担心孩子会形成与自己截然不同的价值观，对于这点，你可以放心，大多数美国孩子长大后形成的价值体系与他们的父母极为相似。

从小让孩子理解想法、感觉和行为之间有所不同，是很重要的。比如你可以告诉小孩子，每个人都会有生气的时候（感觉），但是因此去打另一个孩子或成人（行为），是绝对不正确的。对于大一些的孩子，父母可以帮助他们理解，尽管人们有各种不同的性念头和感觉，但都要为自己的行为负责，如果感觉与价值观不一致，不应该只依据感觉去行动。

对儿子和女儿都要进行性教育。男孩和女孩都需要与性有关的信息，他们都需要相同的教育。许多家庭教育女儿比教育儿子感到更自在一些，有些父母不晓得女儿是否真的需要知道有关手淫的常识，儿子是否真的需要知道关于月经的常识等。本书通篇都在强调，要给予不同性别的孩子相同的性信息，除了极少数是真的只是单性别需要的信息之外。例如，男孩和女孩都需要了解有关月经的常识，但只有女孩需要懂得卫生巾的用法。

花时间认真思考，你希望向孩子传递怎样的性价值观。我估计，每位父母都会遇到很多美国性知识教育理事会最初标为"不知所措"的情形。例如，你发现孩子在玩"医生检查病人身体"的游戏，你和你的伴侣做爱时孩子突然走进来，你与孩子在超市购物时他突然大声问"我的鸡鸡怎么变硬了？"……在这些情形出现之前，如果你已经考虑过你的性价值观,并且已决定传递给孩子哪些性信息,将非常有帮助。本书每章开头的那些练习,也将对你有所帮助。

希望传递给孩子怎样的性信息和价值观,父母双方需要好好讨论一下(无论你们是情人关系、夫妻关系、离婚重组家庭、同性恋家庭,或是离婚单亲状态、与单亲家庭同居状态等)。你们的意见并不总是一致——你可能生长在一个每个人都爱光着身子走来走去的家庭,他却生长在一个在卫生间里都穿戴整齐、睡衣外还加披长袍的家庭;在你的家里,人们常在餐桌旁谈论性问题,而他的家里一点也没谈论过性——那么,你们两个到底想传递给孩子怎样的性价值观?你们将会怎样处理这些信息的分歧?双方在有争议的问题上,你认为在孩子面前表现出一个"联合阵线"很重要,还是也可以让孩子了解到,彼此相爱的人有时也会意见不一致?

教孩子性知识是父母双方的职责。孩子需要从他们的父亲和母亲那里学习有关性的知识。但是在很多家庭,与孩子谈论性问题似乎只是母亲的责任;而在一些家庭里,是有性别分工的——父亲只与儿子谈,而母亲只与女儿谈。在我做演讲时,母亲人数超过父亲,人数比呈现5:1情况的并不罕见。如果正在阅读本书的你,是一位母亲,请建议你的丈夫或伴侣也加入进来。

对孩子来说,从父母双方那里了解有关性的内容是有益的。这样一来,孩子便知道,性在你们家里是可以公开讨论的话题,而且无论是男人或女人都可以谈论这个问题。在单亲家庭里,从祖父母或亲朋好友那里寻求帮助很有益处,这样便于孩子既向男人学习,也向女人学习。

实践练习。当你阅读本书时,想象一下,如果遇到书中提到的类

似情景，您将如何处理。如果你对谈论性话题或使用某个词感到不自在，那就与你的伴侣或好朋友一起实践练习。我曾训练过一位知名教育家，在我雇用她时，她已经70多岁了，她一说"阴茎"这个词就脸红。一天下午回到家中，她花了一个小时对着镜子练习说"阴茎，阴茎，阴茎"，直到她能很自在地说出这个词为止。如果在告诉孩子"小孩儿怎样来的"时候，你觉得你会感到极其难为情，那么请现在就开始练习。它会在"可教时刻"出现时，对你有所帮助。在本书中，对于一些真正棘手的问题，比如"种子是怎么种到那里去的？"，或"什么是同性恋？"等问题时，我会为你们提供一些回答样本。

使用适合孩子发展水平的词汇和概念。孩子是形象思维者，他们的抽象思维能力要到青少年的某个时期才得到发展。当5岁孩子问你"我是从哪儿来的？"时，他或许谈的是地理问题，不是性问题。有这样一个笑话：一个小男孩问他父亲"爸爸，我是从哪儿来的？"，他的父亲就抓住了这个可教时刻，对"生育"进行了一次很长很详细的描述；结果这个小男孩打断他的话说，"不，爸爸，丹尼说他是从辛辛那提（美国西南部一城市）来的，我想知道我是从哪里来的？"因此，通常而言，最好先搞清楚你的孩子已经知道些什么，比如"关于孩子是从哪里来的，你都知道些什么啊？"

在本书讨论的所有年龄段中，先搞清楚你的孩子真正要问的是什么，区分孩子问题的类别非常重要。父母在与孩子在交流中，经常出现理解偏差问题。我的一个朋友说，一天她和她丈夫都在车里，他们8岁的女儿突然问道："妈妈，女同性恋怎么做爱？"她顿时不知所措，竟忘了问她女儿已经知道些什么，于是发起了一场有点详细的、关于两个女人如何在身体上彼此示爱的讨论，好不自在啊。最后当她歇口

很多父母从小习惯用委婉的说法表述性器官。请现在就开始练习说出性器官的正确名称,直到"脱敏"。它会在"可教时刻"出现时,对你和孩子都有所帮助。

气儿时，她女儿打断她的话说："不，不，妈妈，我的意思是，两个女同性恋者怎么会有孩子？"我的朋友若有所思地说："现在，我知道该怎样去回答那个问题了！"

许多父母担心他们教给孩子过多的有关性的信息。比如，他们担心如果介绍了"性交"，孩子就会尝试去做。放心吧，研究已经表明，学习有关性的知识并不会导致青少年去尝试性事。事实上，或许你会发现，如果你确实给孩子们说了太多的相关信息，他们就会不愿再听或开始烦躁不安。如果你能注意孩子们的暗示，你会知道什么时候该适可而止。

我的同事和朋友帕米拉·威尔逊（Pamela Wilson）是一个性学家，她提出"少比多好"的原则。她告诉父母，在孩子问问题时，要先给他们最简单的解释。如果孩子看起来产生了感兴趣或者问了更多的问题时，你再给予他们更复杂的信息。如果你4岁的孩子在你床边看到一个避孕套时问："爸爸，这是什么？"你就试着给他最简单的回答："这是避孕套。"如果他继续问："它是用来做什么的？"这时你可以回答说："因为我和你妈妈非常爱你和妹妹，所以我们决定不再要更多的孩子了。这个避孕套可以帮助我们做到这一点。"大多数4岁的孩子会对这个答案感到满意的……所以，回答孩子的问题时，根据孩子的反应再做决定吧。

犯错误没关系。在对孩子进行性教育时，我也有处理不好某种情况或把握不好机会的时候，我本来可以处理得更好——毕竟我是从事性教育工作的。别担心，如果你犯了错误，你还有很多机会弥补它们。我给你举个例子吧。有一次，我和3岁的女儿艾丽莎正从幼儿园开车回家，当她问我"我怎么没长阴茎？"时，我回答："男孩有阴茎，而女孩有阴部。"她继续说道："我们班的杰森整天喜欢摸他的阴茎。"对此，我陷入了无话可说的状态。我很快转变了话题。直到回到家里时，我才惊讶我当时的拙劣反应，但我知道当时已不再合适重提这个话题。我决定等到下次给艾丽莎洗澡的时候再说，然后我就给她介绍私处的概念。（更多处理此类问题的信息，见第三章"生殖器触摸"。）

这里我要强调的是，后来我有时间来澄清这些事情。所以，如果你对自己说"哦，我希望我曾经已……"，或者"儿子啊，我是否把那个问题弄得一团糟？"，那就以后再找机会重新谈论这个话题吧。此外，要记住，对孩子说"我很抱歉"、"我错了"之类的话，是没有关系的。事实上，这会让孩子懂得没有人是完美无缺的，甚至包括他们的爸爸妈妈。

身教胜于言传。对孩子进行性教育时，通常父母所做的比所说的更为重要。例如，我们告诉孩子男女平等，但如果他们看到的是父母一方总是试图控制另一方，这些话就毫无意义。或者我们告诉孩子身体是美好的，但是如果换尿布时看到他们在用手摸自己的生殖器，我们就把他们的手拍打开，事实上，这就在教他们触摸身体的那个部位是不好的。更重要的是，父母之间的亲密关系在为孩子成年后建立亲密关系做准备。（如果你是一位单身父母，你需要阅读后面章节中讨论到的特别话题。）

永远没有太晚的开始。正如您看到的，我认为性教育从婴儿期开始，但如果你的孩子已经8岁或12岁了，你还没有同他（她）进行过这方面的谈话，那也不要紧，你还有很多时间去做。在性教育这件事上，永远没有太晚的开始。记住，很长时间以来，你或许一直在间接地对孩子进行性教育。尝试回忆一下你早期处理这些问题的经验，想一想你现在想教给孩子哪些内容,并开始寻找可教时刻。你甚至想告诉孩子,"过去我一直不能和你们很自在地谈论性话题,现在我想我们已经准备好了"。告诉孩子你正在读这本书,也是一个可教时刻。

理解儿童性内容与成人性内容的区别。 当父母们看见孩子当众摩擦自己的生殖器,或看见他们和邻家小孩玩"医生检查病人身体"的游戏时,有些心烦意乱。这是因为父母们习惯于用成人的眼光看待孩子的这些行为。我的孩子是在手淫吗?我的孩子正常吗?我的孩子是对性着迷了吗?大多数儿童的性行为是天真无邪和好奇的,它通常不像成人所理解的那样是指向性欲和性高潮的。在本书的各章节中,我会告诉你们,在儿童期的每一阶段,儿童性发展将有哪些内容。

性教育是一个持续的过程。 性教育不是一蹴而就的,不是父母与童年孩子进行一次或几次"郑重其事的谈话",就会有终生的防护作用。为了培养性健康的儿童,父母必须认识到,性教育像其他涉及价值观的重要问题一样,是一个持续的过程。我们不是每隔几年才带孩子去一次"主日学校",让孩子了解我们的宗教传统,是要花费时间并不断巩固的。性问题也需如此。你可以在整个儿童时代都和他们谈论这些重要话题,通过不断强化传递这些信息。你同样需要根据他们的年龄发展阶段传递适龄的适当信息。

别忘记同孩子谈论性的快乐。 在今天这个世界,集中指出什么是不健康的性是很容易的。我们一定不想让我们的孩子去面对性侵害、早孕、性传染病(尤其是艾滋病),或者感情上的巨大创伤。许多父母不想让孩子伴随着性恐惧或性罪恶感长大。然而,当我们经常以各种"不可以……"开始有关性谈话时,我们也许是在传达,所有有关性的感觉或感情都是负面的,或者说,所有的性行为都有负面的结果。

在孩子长大成人时，许多父母都希望孩子能体会到性是生命中的精彩之一。我们需要告诉孩子，爱情是人生最美，亲密关系相当绝妙。当你和孩子谈论性的时候，你是在告诉他们，你在关心着他们的幸福与福祉，在分享着你的价值观，在尽你做父母的职责，在守护你们之间的缘分。从这些交流中，他们会明白，在人生非常重要的方面，你，值得信赖！

让我们开始吧。

Tips 父母小贴士

- 记住，孩子希望与你谈论你的性价值观。
- 不要只是被动地等孩子来问问题。
- 鼓励你的孩子提出问题。
- 如果不知道答案，也没有关系。
- 觉得不太自在是正常的。
- 寻找"可教时刻"。
- 认真聆听孩子的话语。
- 仅谈论事实是不够的。
- 对儿子和女儿都要进行性教育。
- 花时间认真思考，你希望向孩子传递怎样的性价值观。
- 教孩子性知识是父母双方的职责。
- 实践练习。
- 使用适合孩子发展水平的词汇和概念。
- 犯错误没关系。
- 身教胜于言行。
- 永远没有太晚的开始。
- 理解儿童性内容与成人性内容的区别。
- 性教育是一个持续的过程。
- 别忘记同孩子谈论性的快乐。

第二章 婴儿和学步儿
（0~2岁）

Exercise
价值观练习（0~2岁）

换尿布时，孩子发现了他的阴茎，我或许会：

☐ a) 挪开他的手并迅速把尿布换完。

☐ b) 捆他的手并告诉他"那是下流的"。

☐ c) 笑着说"你有个多么奇妙的身体啊！"，并继续换尿布。

☐ d) 让他继续玩他的阴茎，直到他自己停下来，然后再把尿布换上。

当我为女儿买衣服时，我或许会：

☐ a) 只给她穿粉红色的或淡而柔和的颜色。

☐ b) 只给她穿原色的衣服。

☐ c) 给她穿所有的颜色，包括她哥哥穿过的旧衣服。

☐ d) 坚持给她穿 T 恤衫、用尿布，回避这个问题。

＿＿＿＿＿＿＿＿，是很重要的。

☐ a) 妈妈关照新生婴儿。

☐ b) 爸爸关照新生婴儿。

☐ c) 爸爸帮助妈妈关照新生婴儿。

☐ d) 除了哺乳之外，父母平等地关照新生婴儿。

婴儿在吃奶或换尿布时哭了，你应该：

☐ a) 让他哭到自己睡着。

☐ b) 马上抱起来摇他，直到他不哭为止。

☐ c) 简单搂抱他一下就放下。

☐ d) 整天把他放在婴儿车里。

对婴儿进行性教育？听起来的确有些不可思议。当然，婴儿不需要知道生育、人体解剖结构和避孕的知识，但是他们也在开始了解和发现自己的性。父母是他们最重要的老师。当你对孩子讲话时，当你抱他们和亲吻他们的时候，当你给他们穿衣服的时候，当你和他们一起做游戏的时候，你都是在为他们将来的性学习做准备。

人们有时候笑我，因为我告诉他们，性教育是从产房开始的。当然我不是在给新生儿讲有关生育和性行为的真相。但是请稍微想一下，你想知道的有关你孩子的第一件事，就是"这是个男孩还是女孩？"那么，有关性角色的教育就已经开始了。

有些研究指出，男婴和女婴有天生的不同。男婴比女婴更活跃，也更易怒。一般来说，女婴在会坐起来、能抓到物体、会说话等儿童行为发展方面，比男婴似乎要早一些。

实际上，从生命的最初时刻起，男孩和女孩就被不同地社会化了，我们对他们是男孩还是个女孩的期望，或许在他们出生之前就已经开始了。

　　知道子宫中胎儿性别的母亲们甚至能描述出胎儿不同的运动：怀男孩的母亲们说，胎儿运动是强烈的，显得精力充沛；而怀女孩的母亲们则说，胎儿是可爱与温和的。当怀孕的妇女不知道胎儿的性别时，她们所用的词语和性别就没有联系。研究显示，男性胎儿实际上并不见得比女性胎儿更活跃，性别成见甚至在婴儿出生之前就影响了母亲的感觉。

　　许多人为他们的新生儿做着不同的准备，这主要基于他们是否知道这个孩子是男孩还是女孩。准父母们会为婴儿们选择不同的墙纸和婴儿室装饰，不同颜色的服装、不同的出生通知卡，甚至连新生儿贺卡也被明确地区分为粉红色与蓝色。那些在孩子出生前不知道其性别的人，为婴儿买衣服和育儿室的墙纸时，经常用柔和的黄色和绿色。事实上，如果他们不事先知道婴儿的性别，所有那些颜色都是可用的。虽然客观地看，无性别的尿布很好，但在今天，就连新生儿用的一次性尿布也被制作成蓝色和粉红色，以其不同的特征来招揽顾客。

　　随着羊膜穿刺术和超声波的频繁使用，许多人在婴儿出生数月前就已经知道了他们的生物性别。有些人在怀孕的中期就开始想，我们要怎样养育那个男孩或女孩。大多数人仍隐秘地希望孩子是某种性别。在美国，对准父母调查发现，对大多数人来说，理想的出生顺序是第一个是男孩，然后是个女孩。

　　我知道有些家庭最初的3个孩子都是女孩，最后坚持尝试着再要一个男孩，也有些妇女只想要女孩。我有一个朋友，在孩子出生前，她花了3个月时间进行育儿咨询，因为她被告知她将有一个男孩，而她不敢想象自己能养育好一个男孩。然而让她惊喜和懊恼的是，分娩后，医生马上窘迫地告诉她，那个技术人员一定是看错了超声扫描图，她生了一个女孩。

我也有过这种经历。39岁那年，我又怀孕了，在去医院做羊膜穿刺术的途中，我和丈夫争执着是否要知道这个胎儿的性别。我想知道，而他不那么确定。

当我躺在检查桌上，专家在我隆起的肚子周围移动着超声器械时，她问我："你想知道胎儿的性别吗？"然后她移动多普勒以便它能显示胎儿两腿之间的地方。我丈夫笑起来，说："我想我们知道他是什么性别了。"果然，我们16周的胎儿正展示着他完全竖起的阴茎。我们将有一个男孩！专家给了我们几张照片带回家，其中就包括相当清晰地显示正在成长中的男性孩子的那张。

然后我们就开始担心起来。我们成功养育了女儿艾丽莎。她聪明、有趣，而且可以肯定的是，她是发展中的男女平等主义者。我们给她买娃娃和卡车，让她上舞蹈班和空手道班。我们培养她，使她相信女孩能够做任何事情，也可以成为任何她想成为的人。我们给她读"做自由的你和我"，而且确定她拥有的书和玩具都没有性别差异。我们甚至在送给亲戚朋友的出生通知上声明："她是个女婴。"但要是一个男孩就没有这么容易做了。如果他想上芭蕾课怎么办？（他没有。）我们想要传达的男子气概是什么？我们是否应该把他姐姐玩过的芭比娃娃传给他？（我们这样做了。）对一个男孩来说，我们会是一对好父母吗？（我认为我们做得挺好。）我们真的能在出生通知上声明"他是个敏锐的新时代的小伙子"吗？（我们并没有那么做。）

研究显示，父母常常对男婴和女婴说不同的话。事实上，许多父母经常抱着他们的女婴，同她们玩耍，甚至触摸的方式都与对待男婴

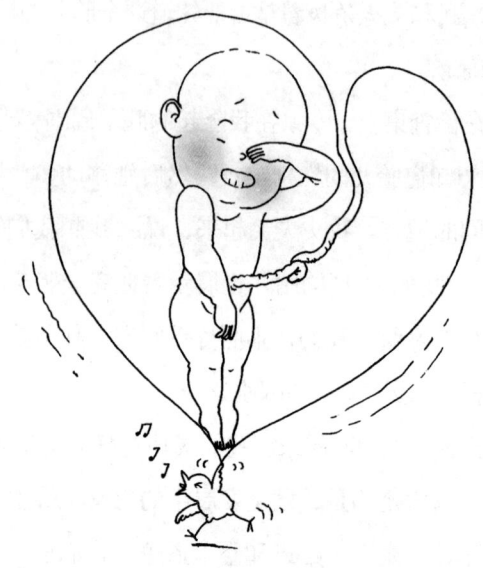

新的超声波技术已经证实，生物学意义上的性发展在怀孕期间就开始了。男胎儿差不多在12周开始有呼吸功能，而在大约16周时就开始出现勃起反应；女胎儿的性反应不是那么容易被观察到，但在这个时期，也开始出现润滑能力。

有所不同。一些研究发现，父母们在孩子生命最初的 24 小时里，根据孩子性别而对其有不同看法。父母们对新生的女婴比对男婴更细心、更友好、更温柔。新出生的儿子被认为比新生的女儿更强壮、更稳定，也更硬朗。

在生命最初的一年里，父母们继续以不同的方式对待儿子和女儿。研究显示，母亲照料她们的女儿比儿子要多，她们怀抱、爱抚和搂着睡觉的次数要更多一些。母亲对女儿更多地把感情表达了出来，微笑得更多，说话更多，对女儿需要的反应也比对儿子要快得多。就是在生命最初的这几个月里，这些行为会鼓励女孩比男孩更社会化和更感性化。母亲对儿子需要的反馈时间更长一点，或许是想在生命之始就给他们一种更强大的自主、独立的感觉。父亲与男婴一起玩的次数比女婴多，与男婴讲的话也比女婴多。与跟女儿一起玩相比，许多父亲跟儿子一起玩时，会选择更加粗野的玩闹方式。

在生命最初的 18 个月里，孩子自己也开始学习认识男性和女性的不同。在 6 个月大的时候，婴儿们就能分辨出男性和女性的声音。在 1 岁到 1 岁半之间，对比那些与自己同性别人的照片和不同性别人的照片时，婴儿们看前者的时间更长一些。研究显示，大多数 3 岁男孩可以区别照片和玩具娃娃中的男性和女性，并能告诉大人他们是男孩儿还是女孩儿。

婴儿的性发展

要相信新生儿是按性别区别发展的，或许有些困难。但是，从某种意义上来说，生命最初的 18 个月，对于孩子学习爱和触摸，发展对这个世界的信任感，是最重要的时刻之一。从婴儿期开始，在我们亲吻他们，拥抱他们，与他们交流时，宝贝们同时学习着如何爱与被爱。他们也在学习，照管者是否满足了他们的需求，或者他们是否需要一直哭闹才能得到关注。通过观察照顾者的反馈，他们很快能知道照料者是否可以依赖。

实际上，生物学意义上的性发展在怀孕期间就开始了。性学家们常说人类从生到死都是有性的。新的超声波技术已经证实，男性的性反应系统是在妊娠中期开始发展的。男胎儿差不多 12 周以后才开始有呼吸功能，而在大约 16 周时就开始出现勃起反应；虽然女胎儿的性反应不是那么容易被观察到，但在这个时期，女胎儿也开始出现润滑能力。

在生命最初的几个月里，婴儿开始发现他们的身体。到 7～8 个月，他们开始发现自己的手指和脚趾，大约也在同一时期，男婴发现他们的阴茎。一般来说，女婴似乎在此后两个月开始发现她们的阴部。婴儿喜欢把他们的手指或脚趾放进嘴里，也爱触摸自己的生殖器。当知道男婴的阴茎在白天和夜晚都会有规律地勃起，一晚上有 3 次或 3 次以上之多时，你或许会感到惊奇。事实上，仅是哭闹、咳嗽、身体绷紧或撒尿，都能引起男婴勃起。科学家们相信女婴的阴道也常常是润滑的，这一点不容易被观察到，而且相关研究也无法开展。

父母的感觉

虽然许多人不谈论这个话题，但对父母亲来说，照料婴儿常常是很有感官快感的。没有什么味道能与裹着尿布的鲜嫩的新生儿味道相比拟。他们自己身上清甜的味道，混合着象牙白衣物的清香、强生宝宝香波和尿布洗涤剂的香味,这种味道实在无与伦比。在我宝宝来临之前,我从来不懂人们为什么想抱婴儿,现在,我的孩子都已经长大了,我很喜欢抱着别人家的婴儿。在教会中,我最喜欢的一个部分是引领孩子的献辞仪式。

喂奶是一种很有感官愉悦感的体验。一些喂奶的母亲有些焦虑,因为她们在给自己的宝宝喂奶时有性快感,一些人甚至在喂奶期间有性高潮,这是完全可以预期的生理反应。当宝宝吸奶时,能够刺激母体产生催产素,而催产素是一种能够引发下奶的荷尔蒙,这和触发性高潮的荷尔蒙是一样的。它并不意味着你对宝宝有性感觉,或是你同宝宝有了性活动,它只是你的身体在乳房受到这种刺激时所发生的简单反应。

实际上,喂奶或许并不是你被孩子唤起某种性感觉的唯一时刻。照料婴儿是一种非常亲密的感受,你们彼此爱抚,你搂着他们,亲吻他们的脖颈,轻抚他们的背部。一些专业人士相信,这些身体上的互动,甚至会为孩子长大后被什么类型的性爱吸引奠定基础。在与孩子亲密接触时,一个飞驰而过的性念头是不值得大惊小怪的,对于你自己来说,你可以承认它,然后确认自己决不会根据这种反应行事。成人性健康的标志之一是,能够区别哪些是能够让生活多姿多彩的性行为,哪些是使自己和别人受到伤害的性行为。你和孩子之间任何一种带性欲色彩的触摸都是要绝对禁止的。如果你发现你很难控制或掌握这一类的感觉,你需要去找心理健康的专业人士谈谈。

我不希望这些会阻碍你去搂抱你的宝宝,只是要认识到,这些亲密感觉和那些色情反应是不同的。搂抱和轻轻抚摩宝宝,有助于他们感觉到被抚摸时的身体舒服感,也有助于加强亲子联结。研究显示,父母应尽可能地多抱孩子，爱抚会帮助宝宝成长和发展。但当触摸是暴力的，就像儿童性侵害或父母疏忽儿童的个案那样，孩子长大成人后或许就不能建立起健康的成人性关系和亲密关系。

触摸的重要性

心理学家们提出这样的理论，儿时的爱抚为成人后亲密关系的建立奠定了基础。

抚摸和拥抱孩子是在向他们传达，我们对他们有着怎样的感觉。当父母和照料者表达爱和欣喜时，婴儿就知道他们是被爱着的。反过来说，如果成人是害怕的、迟疑的和不舒服的，婴儿似乎能感觉到他们不太好。这些早年的有关感觉和身体的信息或许会持续我们终生。

培育对这个世界的信任感，是成人的心理健康（包括性健康）的一个重要基础。发展心理学家埃里克森（Erik H. Erikson）认为：人的一生分为八个不同的阶段，每一个阶段都有其特定的发展任务。从出生到 2 岁是人生的第一个阶段，这个阶段的主要任务就是解决"基本信任 VS 基本不信任"的问题。根据埃里克森的学说，儿童从出生到 18 个月之间，会了解到他们的需要是否能够得到满足，他们是否可以信任别人和身边的世界。如果他们的需要得到了满足，他们就会发展出建立亲密关系的能力和充满希冀的感觉。埃里克森写道，喂养方式是婴儿解答某些问题的主要方式，比如"当我饿了的时候，我可以相信他们就会来喂我吗？"

其他许多心理学家认为，爱抚和搂抱孩子与喂养他们一样重要。当我哭的时候，我会被抱起来吗？你能向我表示出爱我吗？你回应婴

儿需要的方式，正在告诉他们，我是被爱着的，这个世界是一个可以预期的、安全的地方。这些会增加他们的自信心和能力，使他们相信，当我需要帮助和支持时，我就能得到它们。

通过触摸，婴儿了解他们的世界和身体。实际上，在一些极端个案中，不被触摸的宝宝可能会发展一种叫作"发育停滞"的疾病，也可能会死去。他们实际上在日渐枯萎：他们不吃，不吸收营养，逐渐离开这个世界。（当然，不是所有"发育停滞"都与缺乏触摸有关，有的宝宝真的不能攫取营养。如果你想对此了解更多，请找小儿科医生咨询。）

在20世纪60年代早期，两名研究者用恒河猴做了一个知名实验。在猴子出生时，研究者就把它们与母亲分开，并为小猴子提供了用金属丝编制的猴妈妈的"代替品"，供它们拥抱。其中有些"母猴"纯粹是金属丝框架，另一些"母猴"则披上了柔软的纺织品。小猴子们更喜欢粘在覆盖着柔软纺织的"猴妈妈"身上，而拒绝那个用纯金属丝编成的"猴妈妈"，就算在它上面挂着一瓶奶也不行。换句话说，猴娃们宁愿选择柔软的触摸也不愿选择不舒服的喂养。这些缺乏触摸的猴娃娃长大后成为麻烦的成年猴，它们更可能去咬或抓其他猴子；在性别上，这些雄性猴不接近雌性猴，而大部分这样的雌性猴也是不孕的。一些心理学家认为，这些研究显示出，婴儿期缺乏触摸的经历会影响其成年后的性关系和亲密关系。

关于包皮环割术的决定

父母们或许会惊讶，一些和性有关的问题在很早的时候就已经出现。养育婴儿带来的挑战，似乎与性问题没有任何关系——除了升级为新手父母，要照顾哭闹不眠的婴儿，是否要再次与配偶发生性关系等问题以外。（那正是另一本书的题目！）但实际上，许多父母甚至在离开医院之前，就将面对一个与性有关的决定：是否环割新生男婴的包皮。

环割包皮在今天仍是一个艰难的决定。环割包皮是指去除阴茎上的包皮。在20世纪初期，美国只有犹太人和穆斯林父母才环割他们男婴的包皮。到了20世纪中期，几乎每一个人都这么做了。然而，在21世纪初期，越来越多的人再次将环割包皮视为一种选择。环割包皮的比率因国家的宗教而变化。今天，在美国几乎近2/3的男婴都环割包皮，在中西部有近80%的男婴被环割包皮，与之相比，西部只有40%的男婴被环割包皮。

在环割包皮的问题上，如今存在着大量争论。医学教授们曾一度认为，环割包皮对于孩子的健康和卫生非常重要。1999年，美国儿科学会（AAP）对婴儿环割包皮予以了修订推荐。早在1971年美国儿科学会曾表示，没有绝对的医学原因证明每个男婴都要环割包皮。而1999年，在回顾了近40年的医学研究之后，他们表示："包皮环割术对于新生儿的健康，并不是必不可少的，尽管它确实有一些潜在的医学方面的益处。但这些益处并不足以向美国儿科学会提供充分的证据，使其将新生儿包皮环割术推荐为例行手术。相反，我们鼓励父母与儿科医生讨论包皮环割术的益处与风险，之后再根据情况，做出对孩子最有益的知情决定。美国儿科学会建议，如果父母决定实施包皮环割术，那么必须为婴儿做好缓解疼痛的准备，让医生使用丙胺卡因（EMLA）乳膏（一种外皮麻醉剂）阻断阴茎背神经或皮下环形，冰块

冰块并不足以缓解婴儿的疼痛与压力。用《麦登》(*Medem*)主编南希·W.迪基(Nancy·W. Dickey)博士的话来说:"本质上,包皮环割术是一种可以选择的手术。"

这里是一些你考虑让儿子环割包皮的理由:
◎ 你是犹太人或穆斯林,环割包皮是你们宗教传统的一部分。
◎ 你不希望将来不得不教你的儿子清洁他的包皮。
◎ 环割过包皮的男人尿道感染的发病率比较低。
◎ 一些未环割包皮者有医学问题,比如性交或感染的疼痛,需要他们在成人期环割包皮,这比新生儿时期要疼痛和危险得多。
◎ 阴茎癌虽然特别少见,但在未环割包皮的男人身上发病比较多。
◎ 根据美国儿科学会的说法,未环割过包皮的男人或许更容易感染性传染病,不过,一个人的行为举止要更"重要得多"。
◎ 如果你丈夫是环割过包皮的,你想让你儿子的阴茎看起来像他父亲的那样。

这里是一些你不想让儿子环割包皮的理由:
◎ 环割包皮不是你们文化传统的一部分。
◎ 环割包皮对婴儿来说是疼痛的。
◎ 如果你孩子的父亲没有环割过包皮,你想让儿子的阴茎看起来像他父亲的那样。
◎ 像任何外科手术一样,环割包皮会引起一些风险。在一些非常罕见的案例中(低于千分之二),会发生感染或者损害到阴茎。
◎ 你认为环割包皮是不自然的。男孩生来就带着阴茎的包皮,它们应该被原封不动地保留下来。有些人相信包皮环割术是割除生殖器的一种形式。

◎ 环割包皮手术没有得到婴儿的允许。它应该是一种成人的选择。

◎ 你的孩子一出生就生病了，决不能在一个生病的婴儿或医学体征不稳定的婴儿身上实施包皮环割术。

◎ 如果你们决定不对儿子实施包皮环割术，请确保接受明确的指导，把包皮护理作为日常生理卫生的一部分。随着儿子逐渐长大，他也需要学会这些护理技巧。

从医院回到家的第一天

无论是否实施了包皮环割术，从医院回到家的第一天，父母立刻会面对一个新的和性有关的挑战。承认这有点尴尬，我对处理新生儿子格雷戈里环割过的包皮完全没有做好准备。（作为一个有着犹太教背景的妇女，为了让他继承这个家庭传统，我让他环割了包皮，但我从来没有处理这种情况的经验。我觉得这是让他继承这个家庭传统的很重要的一点。）还有许多父母，特别是父亲报告说，他在换尿布期间给女儿清洗阴唇，感到很不自在。

有些父母在换尿布时对男婴阴茎勃起感到很惊讶，他们担心这样会对孩子刺激得太多。在我儿子出生时，我知道男婴会有生理规律性的勃起，所以我对此并不担心。事实上，产科医师和新生儿科专家报告说，许多新生儿在出生后的第一分钟就有勃起。

但是老实说，即使我每天都处理儿子的阴茎，的确感到有些不自在。我每天移动和清洗他的阴茎8~12次，总是不断地擦、涂软膏。

我向一些有经验的朋友求助，她们有些承认也感觉不自在，以至于第一个月她们避免彻底清洗儿子的阴茎。不久我就发现，父亲为女婴换尿布时，对清洗她们的阴唇同样感到不自在。

我打电话征求儿科医生的意见，她告诉我放松一点，重要的是在每一次换尿布之前都要彻底清洗阴茎，而最重要的是，她安慰我说我的感觉是正常的。她提醒我照以下这个办法做，儿子的阴茎就不会勃起。她的建议是：清洗它，在上面抹一些奶液，再换尿布，一天要12次之多。在她告诉我几天后，它就不再那么多地麻烦我了。真是熟能生巧啊，几周后，我俨然是"专家"了。

教孩子认识身体部位

洗澡和换尿布是教孩子认识身体部位的最佳时机。当孩子 5～6 个月大时，许多父母时常玩这样的游戏："这是你的鼻子，这是你的肚子，这是你的膝盖，这是你的脚趾。"除了教这些身体部位的名称之外，父母或许在不经意间给孩子留下了他们处理性问题的最初印象。父母也许正在向孩子传达，他们 1/3 的身体部位是没有名称的，而这 1/3 与身体的其他部位是不同的。如果父母们能学着平静且无畏地说："这是你的鼻子，这是你的肚子，这是你的阴茎（阴部），这是你的膝盖，这是你的脚趾。"那么，这将是多棒的积极性教育啊！关键是，宝宝正在探究的身体的所有部位，都有一个专属名称，而妈妈和爸爸一视同仁地都能说出来。

教婴儿和学步儿认识身体所有重要部位的正确名称，父母们常常问我为什么觉得这样如此重要。毕竟，他们从父母那里学来的是"私

父母应该对身体所有部位一视同仁。当你只对生殖器使用委婉说法时，就等于告诉孩子：身体的这个部位是让人觉得不舒服或与众不同的。你已经把一种羞耻或内疚感引入了身体的这个部位。从小教孩子正确表述性器官的名称，你就是在培养孩子准确说出性侵害事件的能力。

处"、"下边那儿"、"小鸡鸡"、"小雀雀"等词。在一个为学前儿童父母举办的训练班中,一位家长曾经告诉过我,相比较那些委婉说法,正确的名称听起来要"肮脏得多"。

我有时候问父母们,"在你们家里,怎么称呼胳膊肘?",然后问"你们隔壁人家把胳膊肘称作什么?",接着我又问"如果你家孩子在外边受到了伤害,当孩子说'噢,我的胳膊肘真的伤得很厉害'时,外边的人会懂得她说的吗?"问题在于,如果生殖器是我们教孩子唯一用婉转之词表达的身体部分,这或许意味着,如果孩子的那个地方出现了什么问题,就没有任何家庭以外的人能和他们沟通了。

我认为父母们应该对身体所有部位一视同仁。当你只对生殖器使用委婉说法时,就等于告诉孩子这样一种信息:身体的这个部位是让人觉得不舒服的或与众不同的。你或许并没有这个意思,或者没有意识到,但你实际上已经把一种羞耻或内疚感引入了身体的这个部位。这种感觉有时甚至持续到成年,使得孩子们在成人后很难对自己的身体和性有舒适自在的感觉。你或许正在培养孩子准确说出性侵害事件的能力。(如果想了解更多地帮助儿童防止性侵害的信息,请看第三章"特别话题"中的相关内容。)

现实是,有些成人不知道生殖器部位的正确名称。我曾应邀参加《今日秀》电视节目,讨论父母怎样与小孩子谈论性的问题。我分享了自己有关身体部位游戏的建议,"这是你的鼻子,这是你的肚子……"。录制结束后,一位摄影师问他能否见见我。"对阴茎旁边的部位,你用的是什么词?"他忧虑地问,因为他从来没有听人大声说过"阴部"这个词。

许多父母用"阴道"来指女性的外生殖器,这是不对的。阴道是从外生殖器到子宫的通道，不用一种叫"窥镜"的医疗装置是看不见它的，窥镜是妇科医师专为妇女检查骨盆区域用的。

阴部是描述女性外生殖器的正确词汇。它包括全部的骨盆区：内外阴唇、阴蒂、阴道和尿道口。当女孩长到青春期和成人后，这个区别变得非常重要。一开始就用正确的术语表达它们，这样以后就不必再去纠正错误的信息。

学习用正确名称来称呼身体部位，会帮助孩子对自己的身体产生放松感。一个性健康的孩子（当然包括性健康的成人）会对自己的身体感觉舒适，并且懂得欣赏。认识到身体所有部位都是平等的，特别有助于发展对身体美的欣赏感。

你或许会面对其他人对这些正确称谓的抵触。一位母亲曾告诉我，"但是它们听起来是那么的脏！"而你刚蹒跚学步的孩子可能会纠正其他大人的话。我记得艾丽莎大约两岁的时候对我说："妈妈，白姆比（小艾丽莎的照料者）怎么告诉我要擦拭我的阴道？那是我的阴部。"

一些父母问过我，在训练孩子上厕所时使用像"小便"和"大便"这样更科学术语，是否也很重要。尽管我倾向于肯定回答，这样与我倡导使用生殖器准确名字的观点一致，但实际上这些四音节词有些超出大部分学步儿的理解范围。在这种情况下，我建议你和伴侣讨论一下，就在上厕所时要使用的词汇达成一致。对于体内废物的处理，尽量不要使用传递负面感觉的词语。我们可以问，"你需要用洗澡间吗？"当他们上小学时，你可以向他们介绍一些更复杂的"真正的"术语。

生殖器探究

婴儿们在换尿布时开始探究他们的生殖器，通常在7～10个月时发生，比发现自己的手指和脚趾稍晚一点。他们体验着自己，在触摸自己身体的各个部位时感觉良好。

许多父母告诉过我，当看见宝宝触摸自己的生殖器时，他们感到不自在。他们不知道如果有什么可做的话，是否应该做些什么。他们不确定孩子是否在手淫，或者孩子是否变得着迷于这些行为。事实上，这种生殖器探究和成人的手淫不是一回事。一般来说，它是无目的的，而且它不转向性高潮，它只是孩子对自己身体进行更多的探究与学习。

让我们来思考一下你希望怎样处理这种情况吧。

首先，问问你自己（和伴侣）："当孩子开始触摸自己的生殖器时，我们希望他们得到什么信息？"对于这个行为，你的家庭价值观和感觉是什么？

一些父母想传递给孩子这样的信息：以这种方式触摸和愉悦是不可取的。他们拿开孩子的手，以严厉的语气说"不"，然后继续换尿布。我也听说过有些父母打孩子的手，或把冰放在儿子的阴茎上，这样的行为已经超出了有关手淫负面信息的范围，它真的会给孩子灌输一种耻辱感。

有些父母则对这样的行为选择沉默：他们什么也不说，只是挪开小孩的手，继续换尿布。

也有一些父母想让婴儿对自己身体各个部位感到相同程度的喜欢。他们会给孩子留出很多不用尿布的时间，允许他们进行这样的生殖器探究。

哪一种做法令你感到自在？

重要的是，当你考虑怎样处理这些情况时，要弄明白几个关键事实：当孩子开始发现自己的身体时，对他们来说，触摸和发现生殖器，就像触摸和发现手指、脚趾、肚子一样自然。

要懂得婴儿触摸生殖器不是成人意义上的"手淫"，他们只是在学习触摸自己身体的所有部位，感觉都很好。

还需知道，没有任何研究结果显示，婴儿的这种生殖器探究与将来孩童和成人时期的"手淫"或其他性行为有关联。在后面的章节中，我会更多地谈到，当学步儿和学龄前儿童的这些行为变得更有目的性的时候，我们将如何看待。

我们在自己家里怎样做的呢？我们希望孩子对自己身体的所有部位都感觉良好，但是在换尿布之后，对于留给他们较多的生殖器探索时间，我们会感到不自在。我们走在一个中间地带：一边说"看看吧，触摸你全身的感觉很好吧"，然后一边继续换尿布（把生殖器赶紧包起来）。

有些父母对换尿布时儿子有勃起现象感到不自在。首先，我们需要了解这样的事实：男婴每90分钟左右勃起一次，阴茎的勃起不是对性刺激的回应，而是对触摸、摩擦和撒尿引起的自然反应。了解了这些，你就不会做任何可能引起勃起的事情，并且还感到安慰：你不需要对此做任何回应，继续做好手边的事情就可以了。

在换尿布时，对于身体排出的废物，尽量不要向孩子传递负面感觉。此时，你的厌恶表情或许正向孩子传递这样的信息：他们的身体让人感觉不好。试着说"换个干净的尿布，真舒服啊"，而不要说

对于0～2岁的孩子来说，触摸和发现生殖器，就像触摸和发现手指、脚趾一样自然。他们只是在学习探索自己身体的所有部位，而且感觉都很好。

"哦，那尿布真不好闻"。保持平静和自然，会帮助孩子了解：每一个人都要大小便，它们只是生活的一部分。

考虑性别角色

在生命最初的3年，孩子们会了解男孩和女孩的区别，并且开始确认自己作为男性或女性的身份。到3岁时，他们知道自己会长成男人或女人，每天都学习着有显著差异的性别角色行为模式。

这应该不太令人惊讶。正如本章前面提及的那样，许多父母坚持给孩子穿有性别特征颜色的衣服，玩有性别差异的玩具，以不同的方式与他们谈话和处理问题。电视和录像也传递着男性和女性的性别角色，甚至连美国最著名的儿童节目《芝麻街》中唯一的木偶，还是个女性。

孩子在快两岁之前就学习把世界划分为"男的"和"女的"。通过观察家里和幼儿园里的行为，他们区别某些行为是男性的或女性的。例如，在一些研究中，两岁的孩子告诉研究者，女孩喜欢玩娃娃，而男孩喜欢玩货车；女孩喜欢哭，而男孩喜欢打闹。他们把成人的工作划分为男性工作和女性工作。他们甚至给颜色也划分了性别：粉红和紫色的玩具被认为是女孩子，而黑色和棕色的玩具是男孩子。他们甚至会改变他们的行为，以适应这些性别行为模式。例如，在前18个月里，男孩和女孩具有同等水平的攻击行为，但是到了2～3岁的时候，女孩比男孩的行为更少攻击性。男孩和女孩似乎都知道，攻击行为对于男孩来说是可接受的，但对于女孩来说是不可接受的。有一些证据表明，男性和女性的大脑和睾丸素水平的确不一样，这为不同性别孩子的行为差异提供了一定的解释。

如果说孩子从周围世界里观察到什么，他们就学习什么，似乎有点陈词滥调。但是研究已经清楚地表明，从传统家庭里养育出的孩子可能更多地学到这些性别行为模式。父母经常为男婴、女婴和学步儿提供不同类型的玩具：女孩得到的常常是洋娃娃、绒毛玩具、厨房用具、珠宝和漂亮打扮的服装；而男孩的则是玩具轿车、卡车、球类和运动器械。我曾对玩具目录做过一项研究：几乎每个目录都被分成"男孩玩具"页码和"女孩玩具"页码。女孩们有时会玩"男孩"活动，如打球、建设科学工程等等，但是没有男孩与洋娃娃、厨房和其他"过家家"玩具在一起的。在每个目录中，建造模型类玩具总伴随着男孩的画像。许多心理学家认为，这些玩具的类别选择实际上影响到他们以后的生活技能：女孩学习更多的养育技能，男孩则有更多的机会发展推理和空间关系技能。我总是试想，如果我小时候多玩一些建筑模型类的玩具，我是否会有更好的方位感？

有趣的是，甚至在不太传统的家庭里，孩子仍然以他们观察到的性别模式来划分世界。在那些最初由爸爸照料孩子的家庭里，孩子会说：男人长大当爸爸，而妈妈去工作。我记得有一天两岁的儿子告诉我，他希望他成为一个医生，但他知道他不能。我问为什么，他想着自己的儿科女医生说："妈妈，只有女人才可以做医生！"

对父母来说，考虑以下这些问题是非常重要的：
◎ 对于"女人是什么"，你想教给孩子什么？
◎ 对于"男人是什么"，你想教给孩子什么？
◎ 当孩子长大时，你想限制他们的选择吗？

◎ 你认为男孩和女孩应该有平等的机会吗?

◎ 你想让儿子扮演有养育行为的角色吗?给他们洋娃娃玩的时候,你感觉自在吗?

◎ 女儿长大后,你愿意让她驾驶汽车吗?她需要知道怎样修理东西吗?把修理型玩具和卡车给她玩时,你觉得自在吗?

◎ 当其他成人对孩子不符传统的一些活动进行议论时,你会怎样应对?

Special Issue
特别话题

孩子的照看者

根据美国人口普查局的资料，在有 6 岁以下儿童的家庭中，近乎 60% 家庭的父母都会外出工作。白天，孩子在日托中心被其他妈妈照料着（以家庭为基础的儿童照管项目），或被临时保姆和奶奶（姥姥）照料着。与孩子的照看者交流你希望他们如何处理与性有关的问题，是很重要的，以便确保孩子的性教育能反映你的家庭价值观。

我很艰难地学会了这一点。在给两岁半的格雷戈里换尿布时，他骄傲地指着自己的屁股咯咯地笑着说："哦，你摸我的德国佬（美国俚语中对二战德国人的贬义称呼）。"我简直不敢相信自己的耳朵：一边是我，使用着准确术语的研究人员；一边是我的儿子，对他的臀部使用着完全不悦耳的"委婉之词"。

我发现莎朗——儿子 19 岁的保姆，像我们一样频繁地为他换尿布和洗澡，但她总是使用她妈妈对她使用的词儿。坦率地说，我并没有想过在抚育孩子成为性健康成人的问题上与她进行交流，即使在立规矩、如厕训练、饮食健康方面，我经常与她共同开展并要求与我们保持一致。

如果你不在家里办公,那么你与孩子的最初照料者交流有关性的问题是非常重要的。在一些重要议题上,如他们的身体、生殖器触摸和性角色等方面,你要确保孩子得到的是一致的信息。你要向照管者强调,决不允许打骂或摇晃孩子;在换尿布期间,或发现孩子触摸自己的生殖器,也绝不允许他们叫喊"嗬,下流!"。

你或许想让他们读这本书,或者你想列一个一览表,让照管者与孩子共同分享你们家庭的性价值观,这些可能与他们在自己家里学习和相信的那些不同。告诉他们,他们工作的一部分就是支持你把你家庭的性价值观传递给孩子。

你和你的伴侣可能要复制和完成这个工作表,并与育儿师、儿童保姆或奶奶(姥姥)分享它。

性问题与我们的孩子

在给孩子换尿布时,我们要求使用这些词:

阴茎或 _____   阴部或 _____   臀部或 _____

有关孩子的身体,我们希望你提供以下信息:

_____

如果孩子在洗澡或换尿布时触摸自己的生殖器,我们希望你:

_____

第三章 学龄前儿童

（2~5岁）

Exercise
价值观练习（2~5岁）

当你 4 岁的儿子说"我长大了想做一名芭蕾舞女演员"时，你的回答是：
- ☐ a)"我想让你做名医生或律师。"
- ☐ b)"只有女孩才可以做芭蕾女演员的。"
- ☐ c)"你的想法以后会有很多改变。"
- ☐ d)"好！咱们来了解一下芭蕾舞课吧！"

你 3 岁的女儿抱怨道，"我希望我有一个阴茎"，你的回答是：
- ☐ a)"别傻了，只有男孩才有阴茎。"
- ☐ b)"你是在哪儿听到阴茎这个词的？"
- ☐ c)"男孩有阴茎，而女孩有阴部。"
- ☐ d)"你不知道男孩和女孩之间的不同吗？"

你走进 4 岁儿子的房间，发现他和隔壁的学龄前女孩儿脱光了衣服，你会：
- ☐ a) 朝他们大声喊："马上穿好衣服。迪娜，现在就回家。"
- ☐ b) 告诉他们穿好衣服，并用其他活动分散他们的注意力。
- ☐ c) 要他们穿好衣服，然后给他们看一些有不同孩子身体图画的书。
- ☐ d) 悄悄关上门，让他们继续玩。

儿子或女儿在超市摸他们自己的生殖器，你会：
- ☐ a) 打他们的手。
- ☐ b) 小声告诉他们不要摸。
- ☐ c) 忽略他们的行为。
- ☐ d) 说："我知道那感觉很好，但请你单独在自己房间时再这样做。"

学龄前儿童是对性别非常敏感的！在 3 ~ 5 岁期间，孩子将会形成强烈的性别意识——自己是男孩还是女孩，以及这种性别对自己及周围人意味着什么。他们正在完成如厕训练，如果在幼儿园或日托中心的话，他们很有可能观察其他孩子，逐渐了解到男孩和女孩身体部位上的不同。在这一年龄段，他们对自己和其他人的身体非常好奇，可能第一次问"我是从哪儿来的？"，可能开始同邻家孩子或兄弟姊妹一起玩起探索性游戏了……

在学龄前间，你会有很多机会向孩子提供初始的性教育。与我孩子在一起的时候，我很惊奇地发现这个年龄段会有那么多的可教时刻。学龄前儿童对一切都非常好奇，他们想知道天为什么是蓝的？为什么会下雪？为什么那位男士坐在一辆轮椅里？女孩为什么没有阴茎？等等。预料一些类似的可教时刻，将会使你以平静、从容的方式把相关性要点教给孩子。

认识身体部位

我经常诧异于竟然有那么多的成年人既不知道身体的正确名称,也不使用正确称谓。尽管所有父母都向学龄前孩子描述过胳膊肘或鼻子的正确名称,但一提到生殖器,却用了大量的委婉说法。父母们会用"小鸡鸡"、"雀雀"、"嘘(撒尿的象声词)"和无数的其他词汇,向小男孩儿介绍他们的阴茎。女孩儿的生殖器则较少有如此形象的名字,许多父母大多用"下边那儿"或"你的私处"来指示。有些书里或在幼儿园里,甚至也用"私处"指代,而不用生殖器的正确名称。

在前一章中,我已经讲了为什么一视同仁地正确称呼身体的所有部位是很重要的。(如果因为你的孩子是学龄前儿童,你直接跳到了这一章,或许需要倒回去阅读第39～42页。)

无论如何,教孩子认识身体的新机会在学前期这段时间大量出现。你可以开始更详细地与孩子谈论有关他们身体的一切,也可以满足他们对于男孩和女孩身体差异的天然好奇心。

生活中的这些可教时刻包括洗澡时、换衣服时,以及让学龄前孩子帮你给新宝宝换尿布时。这时,你可以告诉他:"你是男孩儿,有阴茎;玛丽是个女孩儿,她有阴部"。如果他看起来似乎有些兴趣,你可以继续说,"所有男孩和男人都有阴茎,所有女孩和女人都有阴部"。

当孩子长大一点儿,你可以介绍一些身体部位更多的知识。你可以对儿子说:"你两腿之间的那两个囊叫阴囊,它们里边的特殊部分叫睾丸。"如果你看到3岁儿子阴茎勃起,你可以教他一些基本信息,让他知道这是完全自然的,"有时候你的阴茎是软的,有时候你的阴茎是硬的。"在洗澡时,你可以告诉4岁的女儿:"在你两腿之间的那个孔儿叫作阴道,阴唇顶上那个小扣儿是你的阴蒂。"

说的时候要尽量平静和实事求是。你要尽力向孩子传递这样的信息:身体的所有部位都是美好和特殊的,所有部位都有它自己的名字。

事实上,一些儿童书籍和有正确人体结构的玩具娃娃也是介绍身体所有部位的另一种途径,包括生殖器。在本书的附录里,你可以复印其中的一本书。而有正确人体结构的玩具娃娃也会帮你告诉孩子,在现实生活中,每个人的身体都有生殖器。

实际上,找到有正确人体结构的玩具并不容易。在最近的一次购物中,我在玩具反斗城(Toys "R" Us)或纽约中央公园玩具王国(FAO Schwartz)都没有找到它们。或许在一些特殊的玩具店里,你能有幸发现它们。这些玩具通常也比较贵,我发现的最便宜的也要29美元,一些甚至卖到了80美元。或者你也可以联系一个叫仿真身体娃娃(Teach-A-Body Dolls)的机构,他们制造有正确人体结构的玩具(请见本书附录)。

教孩子了解身体的有关部位,不是一蹴而就的,孩子不可能一下子都学会它们。我的一个同事分享了他女儿两岁时的一个故事。在洗澡时,她问父亲:"爸爸,我的阴部里面是什么呀?"他回答:"我们以前谈论过,你还记得什么吗?"她回答:"哦,你告诉我那里边有一些牛。"(美语里clitoris是阴蒂,critters是家畜、牛、羊的谑语,发音有一点点相近。)父亲告诉我,他相当肯定地记着他女儿怎样记住阴蒂(clitoris)这个单词的。

所以重复是重要的。父母和孩子的照料者在帮孩子换内衣时,在观察他们触摸自己时,或教他们基本卫生常识时(例如"当你擦阴部时，要从前往后擦"），都需要使用这些身体部位的正确名称。你不必强迫或人为地创造机会去做，它们会自然而然出现的。只要你不借用委婉说法，就像你父母曾经那样就行了。

你可能需要帮助你的孩子理解为什么其他孩子用听起来颇有趣的名字称呼生殖器。他们可能在托儿所或幼儿园里听其他孩子使用过一些委婉之词，甚至可能听到大人使用错误的名称。例如：我的女儿艾丽莎就想知道为什么她在清洗阴部（vulva）时，她的保姆却说阴道（vagina）这个词。

我的同事曾告诉我这么一个故事：她的儿子布鲁斯仅在家里听到过"阴茎"这个词。一天从幼儿园回家后，他问："妈妈，与'阴茎'同义的那个男人的名字叫什么？"我的同事艰难地咽了一下口水，不晓得她儿子听到的是什么。她儿子继续问道："你知道那个男人的名字……是鲍勃（Bob）吗？"她想了片刻，这可能与她在卧室里对丈夫阴茎的爱称"鲍勃"有关，而儿子无意中听到了。然后她就放松了。"哦，"她认识到了，"你指的是迪克（Dick）"？（译者注：Dick 这个名字含有阴茎的意思，起名要慎重。）

学龄前儿童认识身体部位的要点

▷ 身体的每个部位都有一个名称和用途。

▷ 男孩和女孩的身体部位大部分相同，但有几处不同。

▷ 男孩有阴茎和阴囊。

▷ 女孩有阴部、阴道和阴蒂。

洗浴时间

洗澡时间是与孩子谈论身体的绝佳的可教时刻。

许多父母曾问我，让两个性别不同的孩子一起洗澡可以吗？如果可以的话，应该在多大年龄停止？很多父母很喜欢与他们的学步小儿一起洗澡和淋浴，但是他们想知道当孩子到了学龄前阶段时，是不是应该停止这么做？这里没有一定之规。像许多这类问题一样，它依赖于你们家庭的价值观和孩子给予的非语言的反馈情况。

你需要考虑这个问题：你们家庭对裸露的价值观是什么——你们只是在冲澡时光着身子吗？你们经常不穿衣服走来走去吗？与孩子在一个房间里洗澡和换衣服，你们觉得自在吗？关于赤身裸体，你想给予他们怎样的信息？让孩子们赤身裸体、舒服自在地待在一起，以便你可以轻松地与他们一起换衣服、洗澡，是这样重要呢？还是恰恰相反，你觉得更重要的是，他们只能在私下里裸露身体？请记住，在考虑洗澡问题时，摘掉成人的有色眼镜，孩子们一起洗澡不会变得性冲动。要提醒自己，浴缸里不是两个赤裸的成人，他们对彼此身体的不同感到好奇是很自然的。

注意孩子的暗示。如果孩子们一起洗澡似乎很舒适和放松，那就没有理由在洗澡时把学龄前的他们分开。实际上，在洗澡时向他们介绍"男孩和女孩的身体大部分是相同的，但只有男孩有阴茎，而只有女孩有阴部"，是一条捷径。然而，如果你发现孩子们一起洗澡时开始有点不自在了或咯咯窃笑，那就说明这种男女孩混合浴应该结束了。

同样的原则也适用于父母和孩子共同洗浴。共同洗浴可能是父母和孩子一起交谈和放松的美好时刻。但有时与成人裸体在一起，学龄前孩子会开始感到有些不自在，或者他们想用一种让你感到不自在或不适应的方式去触摸你。一个孩子对母亲的乳房、父亲的阴茎，或者为什么大人身体有阴毛而他们没有感到好奇，是很自然的。他们对大人与孩子身体的不同有一种天然的好奇心。你需要判断在处理这些有关男女不同的问题时你是否自在，孩子与裸体成人在一起时他们看起来是否自在。随着孩子逐渐长大，通过注意他们时不时表现出来的非语言信息，你将会知道什么时候该改变那种做法。

在我最近指导的一次父母工作坊中，几个母亲为她们的学龄前孩子伸手触摸她们的乳房或生殖器而担心，一位母亲特别担忧她3岁的儿子总把手放在前边的裤子下。我问她："你想他为什么会那样做？"她回答，可能是因为他好奇，或者是因为他喜欢那种行为引起的强烈关注。然后我问她是否仍在为她儿子清洗生殖器。她说她仍然在洗澡时给他洗阴茎，并在他上完卫生间后帮他擦拭。我告诉她，那可能是引起她儿子不适当触摸的部分或全部原因，或许她还尝试向孩子说出了这些行为。她可以教儿子谁也不能触摸别人的生殖器，并且开始教他自己护理阴茎。她可以与儿子一起阅读一些有关身体、隐私和触摸的适龄书籍，并且告诉他这种行为使她感到不舒服，而且希望他不再这么做。

3～4岁的孩子可以学习到保持生殖器的健康和清洁很重要。当给孩子洗澡或淋浴时，你可以把毛巾给他们，让他们自己清洗阴部和阴茎。现在他们已经足够大了，可以开始做这些自我护理，这时你一定要教他们从前往后洗，以免细菌感染。

让孩子自己清洗生殖器，也是一个可教时刻。你可以利用这个时

共同洗浴是父母和孩子一起交谈和放松的美好时刻。但如果你注意到学龄前孩子开始感到有些不自在,你就需要改变这种做法了。

间向他们介绍这个原则：除了自己，谁也不能触摸生殖器。"现在你已经长大了，可以自己清洗阴茎（阴部）了。你的身体是属于你的，除了大夫、护士或爸爸妈妈出于健康原因触摸它外，任何人都不可以触摸你的生殖器。"你可以开始告诉他们，身体的这些部位是隐私的。

"我想单独待着！"

3～4岁的孩子已经到了可以给他们介绍隐私概念的年龄了。在孩子是学龄前儿童之前，你想自己独自上洗手间，但这通常是不可能的——我知道我那时是这样的。渐渐地，当你没穿衣服时，站在你不断长大的孩子面前，你越发感到不自在了。你或许希望和伴侣拥有单独在一起的时间。现在你也可以向他们介绍一下隐私的概念，比如像触摸生殖器这样的行为只能在私下里做。

关于隐私，不同的家庭有着不同的价值观。父母需对以下问题进行思考：

◎ 对于孩子看到我们穿衣服的样子和不穿衣服的样子，我们做何感想？

◎ 当我们正在做爱时，孩子走进来了，我们会怎么办？

◎ 在我们家里，使用卫生间是私密行为吗？还是说，在我们使用厕所时，其他人也可以进来？

◎ 我们愿意给学龄前孩子多少私密空间？他们能关着门在自己房间里玩吗？

要知道，就算你在家里设置了一些规则，孩子还是会面临不同场

景下的不同规则。例如，在女儿艾丽莎3岁时，我们教她要关门单独使用厕所，可当她进入一个新幼儿园时，老师告诉我们，在让艾丽莎使用卫生间时，她遇到了困难。因为学校的规定是厕所门开着，让所有孩子排成一队，两个人并排使用厕所，这和家里的规则如此不同，难怪她会抵抗。我们试图说服学校，可以让她关起门来上厕所，但是学校解释说，他们这样规定是为了确保学校工作人员不会受到"以不当方式触摸孩子"的指控。

所以，我们怎么办呢？我们把它作为一次"可教机会"，让艾丽莎知道在个人问题上不同人有不同的价值观。我们告诉她："幼儿园规定上厕所时门要开着，白天在幼儿园你需要用厕所，所以你必须遵守那个规定。但是在我们家里，我们是关起门来上厕所的。"几个星期后，她对用厕所的这两种方式都习惯了。

对这类隐私议题的介绍，也有助于回答孩子当众触摸生殖器的不恰当行为。

生殖器触摸

3~4岁孩子喜欢自己的身体。正如在身体跑、跳和搂抱时他们感觉良好一样，触摸自己的生殖器也让他们感觉很好。许多专业人士认为，学龄前儿童触摸生殖器是儿童发展的很自然的一部分。在最近对2~5岁儿童母亲的一项研究中，有25%的妈妈报告她们的儿子当众触摸自己的生殖器，有15%的妈妈报告她们的女儿也如此，有16%的学龄前男孩和女孩被观察到有触摸自己生殖器的情形。

许多成人看见这种行为并认为孩子是在"手淫"。在谈学龄前儿童时，我不打算使用这个词语，因为那会使人想起成人和青少年以达到性高潮为目的的自娱画面。让我们重新标明这个行为是"生殖器触摸"。（没有从生殖器触摸转换到手淫的真实统计。虽然许多性学家相信在青春期之前不可能有全面的性高潮，但相反地，许多成人报告他们在十来岁之前就有自己的第一次性高潮。）

相对更大点的儿童和青少年而言，学步儿和学龄前儿童触摸生殖器更缺少目的性，而且没有困窘和焦虑。事实上，在幼儿园里，有几个整天无意识地触摸他们生殖器的男孩儿并不算什么稀罕事儿。小女孩会发现触摸她们的阴部和阴蒂也能很愉快。我常常接到一些父母打来的电话，说他们3～4岁的女儿似乎在卧室里用枕头或靠垫摩擦她们的阴部，他们为此非常焦虑。

事实上，许多孩子甚至没有意识到他们是在以这种方式触摸他们的生殖器。有些孩子在打盹或睡觉前触摸他们的生殖器，以帮助自己入睡。（如同成人一样，有些孩子从来不摸他们的生殖器。对于一个学龄前孩子来说，触摸自己的生殖器是正常的，不触摸也是正常的。如果你没有看到他们触摸自己的生殖器，不要担忧他们没有正常发展。）

父母要以不同的方式回应学龄前儿童的生殖器触摸。许多父母担忧他们的孩子，用我工作坊的一位父亲（或母亲）的话说，是"沉湎于性"。有些父母有点被逗乐了，孩子居然自己发现了这种快乐。有些父母则为此烦恼，"我不介意她那么做，但是她为什么总是在她祖母身边时那样？"或者"怎样才能让儿子不抓握他的阴茎？"

那么，你对此行为是怎么反应的呢？首先，你需要考虑你家庭对于手淫的看法。把生殖器触摸作为一种自娱方式，你感到舒服吗？或者你认为它是不被鼓励的行为？你希望与孩子交流哪些方面的信息？

不论家里对这个事情的态度如何,所有孩子都需要了解触摸生殖器是一种隐私行为,正如使用卫生间也是一种隐私行为一样。学龄前儿童会懂得,如果看见他们当众触摸自己生殖器,其他人会心烦意乱,而且这类行为应该单独在自己房间时再做。

许多专业人士建议:如果孩子正私底下触摸生殖器时,让你偶然撞见,你简单地忽略就好,可以只是悄悄离开这个房间,或者说"我一会儿再回来"。这次我没有对此建议加以评论。我们大多数人都不会很自在地说:"我看见你在手淫,那对你很好。你自己单独待会儿吧。"

然而,许多学龄前儿童总是当众触摸他们的生殖器。有学龄前男孩的父母向我抱怨,他们无法制止儿子在家里或学校触摸自己的生殖器。假如孩子是在超市或客厅里触摸生殖器,你可以试着温和地阻止这种行为。首先轻轻打个招呼,因为他可能没意识到他在做什么,你可以提醒他正在做什么:"斯蒂文,你又在抓你的阴茎呢。"然后告诉孩子这是个隐私行为,只能在私下做。你可以说,"我知道你在摸自己阴茎时感觉很好。但是查尔斯,我希望你停下来。触摸阴茎只能在私底下做呢。我们家里哪里是私人地方?"或者说,"苏茜,看到你用客厅的靠垫摩擦自己的阴部,我感到很不舒服,触摸阴部只能在私底下呢。我们家哪里是私人地方啊?"

在孩子能分辨出私人空间和公共场合之前,你可能需要多次地重复这一内容。就像我们教孩子过马路时要先看看两边有没有车一样,我们不要指望他们一次就会记住这些。

有些孩子似乎整天持续地触摸生殖器,以致经常拒绝参加其他活动。有些孩子这么做是在情绪不好时,把它当作平静自己的一种方式。正如在有了新宝宝或离异的家庭中,一些孩子开始强迫舔拇指或捻弄

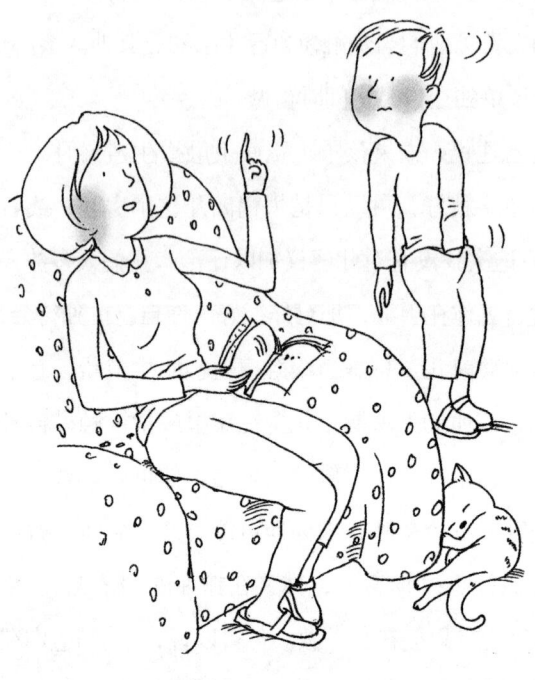

无论你对生殖器触摸的态度如何,如果发现孩子在超市或客厅里自摸,可以试着温和地阻止这种行为,轻轻打个招呼,提醒他正在做什么,然后告诉他这是私密行为,只能私下做。在孩子能分辨出私人空间和公共场合前,你可能需要多次与孩子说明这一问题。

头发,这是他们对付紧张压力的方式。然而,对另一些孩子来说,它或许是性侵害的一种信号。若想了解这个问题,请先跳到本章的结尾,看看有关性侵害的特殊话题部分。

> **学龄前儿童生殖器触摸的要点**
> ▷ 触摸身体感觉良好,包括阴茎和阴部。
> ▷ 这类触摸只应该在私底下进行。
> ▷ 私人地方是那些只有你自己的地方。在我们家里,私人地方是 _____。

"我们正在扮演医生,妈妈"

对生殖器触摸的好奇心有时也会延伸到与其他孩子一起玩游戏。许多成人会记得小时候玩过的"扮演医生"或者"过家家"游戏。有时候这些游戏会转向与性相关。我记得在我和姐姐分别是4岁和6岁的时候,我们和两个最好的女朋友一起玩"约会"游戏。我们中的两人扮演女孩,另两人扮演男孩。我们假装去约会,常常彼此亲吻,或者不穿衣服等那些我们想象中的调情方式。(直到今天,我还在犹豫写不写这一点,因为我考虑到父母会发现我们当年非常隐秘的行为。)

许多朋友和同事都说他们也玩过同样的游戏。"你把你的给我看,我就把我的给你看",不只是电影中的游戏。玩"扮演医生"的游戏,包括彼此不穿衣服和检查彼此的生殖器,是相当普遍的。它可能发生在男孩和女孩之间,也可能发生在男孩和男孩、女孩和女孩之间,它并不显示将来成人时的性取向。多到半数的成人记得他们参与过儿时的性游戏。有意思的是，我们注意到，"扮演医生"的游戏在这些年似乎成了大多数这类性游戏的最常见的脚本。没有成人性的背景，孩子们只知道医生看病人的生殖器，则进一步证明了孩子们的这种行为通常是出于好奇心，而不是为了实现性欲愿望。儿童发展领域的大多数专家把这类性游戏看作是儿童时代可预期的自然而然的性好奇心理。如果这些儿童都处在同样的年龄和同等的发展阶段，专家们认为它是无害的。对成人的研究表明，参与儿童时代的性游戏似乎对成人的性方面没有什么影响，不管是正面的，还是负面的。

这里发生了什么？学龄前儿童对于他们的身体和其他人的身体是好奇的，特别是另一性别的身体。在这个年龄，他们也正在模仿成人的行为，如他们玩"过家家"游戏、"消防员"游戏和"扮演医生"的游戏，在尝试扮演角色和行为。把好奇心和扮演角色的游戏放在一起，就导致了像某些专家认为的那种"儿童性游戏"。这种好奇心导致触摸生殖器，而且孩子可能发现这类触摸的感觉很好。

事实上，一些性学家甚至认为，儿童时代早期的性游戏教给孩子一些很重要的技能。他们指的是猴子研究：以猴子来说，早期（成年前）的性游戏为他们成年后雌雄的成功交配和繁殖奠定了基础。那些被隔离起来喂养的猴子，没有玩早期性游戏的机会，成年后他们从不性交或生育，就算与有性经验伙伴进行匹配也不行。虽然在某种程度上，我不认为孩子需要这类行为才会变成性健康的成人，但是我同意那些专业人士的说法，即这些性游戏大多数是无害的。

所以，当你走进来发现孩子和邻居家的孩子没穿衣服地在一起玩时，或者更让你心烦的是，他们在彼此触摸生殖器时，你会怎么办？

首先，吸口气，试着平静下来，试着艰难地、真的很艰难地不戴成人的有色眼镜去看这个行为——你3岁的女儿不会同隔壁的男孩发生性关系，最可能的是，她对他的身体与自己的有什么不同感到好奇。你可鼓起勇气，以尽你所能的镇静语气说，"告诉我，你们正在玩什么游戏呢？"

让我们一起来想想你要传递给孩子哪些信息。许多成人能记得他们正在玩这些童年性游戏时被发现的情形，他们仍然记得父母尖叫着让他们停下来时，所感受到的羞耻与犯罪感。一些性治疗家报告，他们的一些客户直到现在仍然记得他们在学龄前玩"让我看"的性游戏时被发现的情形，当时他们被传递的那种羞耻感和罪恶感至今仍影响着他们。

面对这种情形，你会怎么做呢？我建议你平静地让孩子穿好衣服来到客厅。我会认可他们的好奇心，但是也会建议其他更好的方法来了解男孩和女孩的身体。你或许想与孩子分享本书附录中的其中一本书，你或许也想减少他们关门单独在房间里的时间。

当然，我想你需要告诉你的邻居。相反，如果是邻居孩子的父母发现了这种情形，你自然也希望能了解情况的。不要因为这些行为责难其他的父母，但也不要让其他的父母责难你。向他们解释一下你所看到的，告诉他们你不知道是谁先开始的。分享本书一些相关信息，让他们确认这是预料中的行为。双方尽量就孩子一起玩的规则达成一些共识：公共地方，衣服穿戴整齐，不锁门。

一些父母打电话给我，说当他们发现自己学龄前的孩子在兄弟姊妹之间玩这种性游戏时，他们特别担心。这又是你摘掉成人有色眼镜的好机会：这不是乱伦行为，这同和邻居孩子一起玩性游戏一样，是出于好奇心。通常之所以会发生这种情况，是因为在玩这类游戏时，年龄很接近的兄弟姊妹可能比邻居家的孩子更为方便。你可以用对待他们和邻居小孩玩性游戏时同样的方法处理它，你可以尽量减少一些无人监管的时间，比如共同洗澡和在同一张床上午睡。

就像你走进屋子时，发现你的孩子和另一个孩子正在玩性游戏一样，有时情况也可能是相反的。所有的父母几乎或迟或早都有过这样的经历：他们的孩子吃惊地看着正以成人方式做爱的父母。

有关学龄前儿童性游戏的要点

▶ 孩子们会经常亲吻、拥抱和彼此触摸，这些会让他们感觉良好。

▶ 孩子们经常对彼此的身体感到好奇。

▶ 如果孩子不想让你拥抱或亲吻，你是不可以去做的。

▶ 你的身体属于你自己。

▶ 在游戏或任何其他的时间，你有权利决定另一个孩子是否可以触摸你的身体。

▶ 你有权利决定是否让其他小孩在游戏中或在其他时间触摸你的身体。

▶ 与其他孩子在家里或外面一起玩时，都需要把衣服穿好。

学龄前和小学低年级儿童的性游戏：无害，还是有问题？

儿童性游戏是否无害？你为此是否担忧？以下的几个标准可以帮你判断：

	正常的	有问题的
儿童的年龄	相近	间隔3岁以上
儿童看起来	咯咯笑，好奇，快乐	侵犯性的，恼怒的，害怕的，退缩的
活动	不穿衣服；玩"扮医生"或"你给我看你的，我就给你看我的"游戏	口交，肛交，或阴道性交；用手指或物体穿插
在同父母讨论之后	行为停止	行为继续

友谊与情感

当然,性游戏只是学龄前儿童友谊和游戏中的一个很微小的部分。学龄前儿童正在开始发展他们与其他男孩和女孩的友谊。尽管宝宝很喜欢与大一点的孩子一起玩,学步儿也喜欢并肩地坐在一起玩(还难以互动着玩),但孩子到大约3岁的时候才开始发展自己选择朋友的能力。他们开始选择哪些是喜欢一起儿玩的孩子,哪些是不喜欢一起儿玩的。学龄前是帮助他们发展早期友谊能力的一段重要时间。

在大约3岁左右,许多孩子开始有了"女孩和女孩一起玩,男孩和男孩一起玩"的意识,他们在玩的过程中开始根据性别形成群体。男孩和女孩常常会选择不同的活动,游戏风格也经常不同。男孩倾向于在较大的群体里玩,游戏可能粗犷一些;女孩则倾向于喜欢与一两个女孩玩。结果可能就是,你的孩子更喜欢与同性别的孩子玩。然而,如果父母予以鼓励的话,大部分孩子有时候还是很容易与两种性别的孩子玩到一块儿去。这一点非常重要,为他们到青春期和成年时都能与两种性别的人建立友谊打下了基础。

父母可以鼓励男孩和女孩以愉快的方式继续来往。在游戏日邀请异性孩子过来一起玩。鼓励三五成群的孩子在公园或操场一起做一个项目,或玩大群体游戏。与两种性别的孩子建立起友谊,有助于他们在成年时形成健康的、相互尊重的两性关系。

如果孩子在日托或幼儿园,那就与老师谈谈怎样鼓励孩子们建立友谊吧。询问一下老师,男孩和女孩是否有机会一起玩,教室里的所有部分是否对男孩和女孩都开放,建议至少有些班级活动以其他某类特征而不是以性别来区分。例如,以孩子们衬衫的颜色来划分活动小组,穿红衬衫和蓝衬衫的为一列,穿绿色、棕色和其他颜色衬衫的为一列;或者以鞋的类型来分组,所有穿轻便运动鞋的去洋娃娃那儿,所有穿靴子的都去积木那儿。

这种早期友谊也为父母与孩子交流情感或情绪话题提供了机会。对孩子来说,在这个年龄,感情受到伤害的事儿并不罕见。

我永远不会忘记艾丽莎第一次被另一个小孩伤害感情的事情。我们一起在一个朋友家吃晚饭,那位朋友有一个比艾丽莎大两岁的女儿凯蒂,过去她们在一起总是玩得很好,但是那天晚上,另一个更大一点儿的孩子也来做客。这两个大些的孩子走进凯蒂的房间,把门关起来,留下艾丽莎在外边坐着。我意外碰见她在卧室门外轻轻地哭着,这是她第一次遭到拒绝的经历,由此我想到了自己还是孩子时每次遭到拒绝的情形,我的心在流血。我不得不压下我对凯蒂和她母亲的怒火。当我想到这可能是艾丽莎遭受的第一次拒绝,但绝不会是最后一次时,我深受打击。

我想起来,可以把它作为一个可教时刻——

我:宝贝,你觉得怎么样?

艾丽莎:妈妈,我非常生气,我想冲他们大叫。

我:我也想着你感觉非常难过。

交流情感和学会对情感进行辨别,对于学龄前儿童来说是很重要的。3~4岁的孩子可能开始分辨别人的情感。他们觉得情感就意味着"快乐"、"悲伤"、"生气"和"疯狂",而且他们可以学着去谈论究竟是什么引起这种感觉的。他们也能辨别其他人的非语言情感暗示。

有一天我工作压力特别大，回到家后，4岁的格雷戈里问我："妈妈，你今天怎么看起来难过呀？"像这样的情形并不少见。学龄前儿童开始学习同情——这对青少年和成人都是很重要的品质。这个年纪的儿童有时甚至能够预料哪种情形会唤起某种特定的情感，"我把牛奶泼在地板上了，你会生气吗？"

父母能帮助孩子辨别和表达他们的情感。你能做的一件事就是努力敏锐地感受孩子的情感，并帮助他们辨别出来。你可以像这样说：

我想现在你感觉＿＿＿＿＿＿＿＿＿＿＿＿，对吗？

你现在看起来真的很＿＿＿＿＿＿＿＿＿＿＿＿。

当你觉得＿＿＿＿＿的时候，它真的会使你＿＿＿＿＿。

你也可以鉴别书中和影视中的人物角色的情感，或让孩子猜测这个角色在某种情况下会有什么感受，如"你想想贝尔（美女）第一次看到比斯特（野兽）时会是什么感觉？"，"当狮子卡普发现它父亲死了的时候，它是什么感觉？"

当你与孩子交流时，你时不时地辨别并表达自己的感受也是一个好办法。"今天我有点难过，因为你爸爸出差，离开这个城市了。"或者，"冲你大喊大叫，我很抱歉，因为你不听话，我很生气。"如果你对孩子道歉，那么你永远不会伤害他。它让孩子们知道没有人是完美的，而且为怎样说"对不起"做出了榜样，有些事情是3岁孩子还不能想到去做的。

这些表达感情的早期经验为孩子将来做了准备。能够认清自己的感情并且能够预料别人感情的孩子，将会成长为那些知道如何倾听并尊重他人、怎样表达同情和怜悯的青少年和成人。

有关学龄前儿童友谊和感情的要点

▷ 朋友们在一起很开心。

▷ 朋友要相互帮助。

▷ 男孩和女孩可以彼此成为朋友。

▷ 有些孩子会有很多朋友，有些只有几个朋友。

▷ 如果你告诉别人，你不能与他们一起玩，这样你会伤害他们的感情。

▷ 人们有多种感觉，可以是快乐、伤心、愤怒、激动、孤独、受伤、困惑或挫折感。

▷ 让别人快乐，也就能让自己感到快乐。

▷ 感觉生气是正常的，但伤害他人是不好的。

▷ 每个人都有感到害怕的时候。

▷ 语言能帮助我们描述和分享我们的感情。

▷ 向别人说出你的感觉是很好的。

"我长大了要和妈妈结婚"

学龄前儿童对父母的感情很浓厚。我儿子格雷戈里在3岁的时候曾骄傲地向全家宣布，等他长大了，要和我结婚。看到这里，你可能会想到大学心理学入门课堂上读到的俄狄浦斯情结和伊莱克特拉情结。（在希腊神话中，俄狄浦斯杀了他的父亲并娶他的母亲为妻，弗洛伊德将之命为"俄狄浦斯情结"，也称恋母情结；弗洛伊德把希腊神话中公主杀了她母亲的情节命名为"伊莱克特拉情结",也称恋父情结。)弗洛伊德认为,3～5岁的男孩会发展出占有母亲的性幻想,并开始嫉妒父亲。根据弗洛伊德的理论,这个时期伴随着阉割焦虑:男孩们害怕父亲会报复他们对其母亲的兴趣而割了他们的阴茎。弗洛伊德说女孩们发展伊莱克特拉情结:她们发展"阴茎嫉妒",并想从她们母亲那里把父亲夺走。女孩们排斥母亲是觉得母亲因为她们缺乏阴茎而责备她们。

许多现代心理学家驳斥这些观念。女性主义心理学家批评弗洛伊德的观点存在极端性别歧视。人类学家指出并没有在所有文化中发现这些情结。然而,在这一年龄段,儿童偏爱他们另一性别的父母的情况并不少见。

学龄前儿童非常爱他们的父母,他们或许也会困惑是否所有的爱都要浪漫地表达。许多孩子试图以浪漫的方式亲吻父母,一些孩子甚至会模仿他们真实遇见的或在电视、电影中见过的成人亲吻方式,把舌头放进父母口中。向孩子解释孩子与孩子之间以及孩子与成人之间进行这类亲吻是不合适的,这种解释很重要。"你这样亲我,我感到不舒服。这是大人们的亲吻方式。我喜欢你亲我的脸蛋。"

学龄前儿童有时看起来会嫉妒父母彼此之间表达情爱。当我和丈夫拥抱时,儿子格雷戈里常常以要求"家庭拥抱"来打断我们。在一项研究中,有13%的2～5岁孩子的母亲说,当孩子看见大人接吻时,他们变得有些沮丧。

父母回应孩子时,强调孩子表达的爱,而不是他们表现出来的浪漫方式,这点很重要。你可以这样回应孩子的表示:"我非常爱你。畅想一下你长大后会和谁结婚,很有趣。等你长大后,你会恋爱并且和

一个很棒的女孩结婚。"

这也是一次更多地了解孩子在想些什么的机会。我与4岁的格雷戈里有过以下讨论：

格雷戈里：妈咪，我希望我长大了能和你结婚。

我：我很爱你，格雷，但是我已经和你爸爸结婚了。

格雷戈里：但是如果你没有和爸爸结婚的话，我也不能与你结婚。

我：是的，宝贝。

格雷戈里：好吧，因为你总是去上班，而我不想和一个上班的人结婚。

我：为什么你不想和一个上班的女人结婚呢？

格雷戈里：因为我想让她一直陪着我玩。

我：我不能一直陪着你玩，你觉得难过吗？

很明显，这个讨论中有很多值得关注的议题。重要的是，要让孩子在这些讨论中处于主动方，对他们的感觉或情感予以关注。父母要真正努力去倾听他们在说些什么。

这种讨论也是一个可教时刻，可以与孩子谈论男人和女人的角色，以及他们长大后想成为什么样的人。大人经常问孩子："你长大后想做什么啊？"而我们经常被他们的回答逗乐了，格雷戈里曾想要做一个收垃圾的人、一个喜剧演员和一个滑冰者。我想重要的不仅是与孩子交流他们将来的职业选择，与他们谈谈长大了是否想做父母也很重要。你可以这样引导着问："你将来想工作吗？也想做一个爸爸吗？"

这也是向孩子传递关于爱的价值观的可教时刻。人们常常忘记与孩子谈论爱。我们告诉孩子，我们爱他们，但是我们在假设他们懂我们的意思。爱实际上是一个相当抽象的概念，但是甚至学龄前孩子都懂得它是一种感情。我知道有一个简单的定义，好像是"爱是我们心里的一种快乐。"

想想我们为学龄前儿童讲的所有关于爱和婚姻的故事吧：美女与野兽相爱了；辛德瑞拉遇见了英俊的王子；王子吻了睡美人，使她苏醒过来了……对所有故事的结局，我个人从未觉得舒服过，"公主和王子结婚了，从此以后过着幸福的生活。"我想太多的成人把他们的生命花费在寻找完美的、无问题的婚姻上，就像他们许诺给学龄前儿童的那样。我和自己的孩子谈起这个问题时，我把它换成了"王子和公主结婚了，他们非常快乐，他们的生活有很多事要做。"或者做一些更实际的改编。

你的学龄前孩子和同学在一起时，可能也有他们自己对于爱和浪漫的幻想。对于4～5岁的孩子来说，对某人（事）有迷恋或有男朋友和女朋友并不是什么稀罕事儿，他们甚至可能举行婚礼。我儿子格雷戈里4岁时是非常善变的，每隔几个月，他都告诉我他在幼儿园有了新的妻子。

我一个朋友告诉过我一个故事，她偶然看见她4岁的女儿贝琳达站在开着门的冰箱前，嘴里小声喃喃地说："丹尼，丹尼，丹尼。"我的朋友问她在做什么，贝琳达回答："我在想一些快乐的想法。"我的朋友问她："那你站在开着门的冰箱前做什么呀？"贝琳达回答，"在'彼德·潘'（《小飞侠》）中，彼得说'想快乐的想法你就会飞起来'。那么，我想要顶架上的巧克力奶，而想丹尼会让我非常快乐！"4岁的她已经恋上了同班的小伙伴丹尼。

一些心理学家甚至相信，童年早期的爱恋会为孩子终生的"吸引

力类型"奠定基础。"吸引力类型"是指你会发现哪种类型人对你有性吸引力。大多数人发现,对他们有性吸引力的人有某种身体上的特征。想一想吧:你还记得你童年的他(她)看起来什么样子吗?我在三年级的第一个"男朋友"是意大利人;依照这个理论,他就为我嫁给我的丈夫拉尔夫·塔特格莱恩做了准备。

学龄前儿童关于爱的要点
- 爱是我们心中感觉另一个人时的快乐。
- 孩子们需要与爱他们的人一起长大。
- 人们给予爱和接受爱。
- 对父母或家人、宠物、朋友,爱的体验是不一样的。

"我的儿子是同性恋吗?"

有些学龄前儿童的父母担心孩子永远不会长大、结婚、生子。我经常接到4~5岁孩子父母的电话,他们忧心忡忡地倾诉道,"我儿子想穿他妈妈的鞋","我女儿不玩洋娃娃",或者"我儿子想上芭蕾课"。

这时,我总是耐心地请他们说出更多的担心的事情。通常,几分钟后他们羞怯地问,"你认为我儿子是个同性恋吗?"然后又问,"我怎样去阻止他?"

我通常让他们先放松,然后讲一些有关性取向的事实:"你不可能让孩子成为同性恋,他们更可能是异性恋。"童年的行为并不能预示成年后的性取向和性别定向。

这里涉及一些定义。"性取向"通常指一个人对同性的人（同性恋）、异性的人（异性恋）或对两种性别的人（双性恋）基于性爱的、浪漫的和情爱上的吸引。而"性别定向"，从另一角度说，不是有关性吸引的，而是一个人是否认可自己是男性或女性，是否接受自己作为一个男人或女人的社会角色、价值和责任。

许多性学教授喜欢使用术语"性取向"而不喜欢用"性偏好"，因为我们知道人们并不是选择自己是同性恋、双性恋还是异性恋。许多专业人士认为，性取向是由诸多因素决定的，包括遗传因素、产前荷尔蒙的影响、社会文化因素、心理因素，或者所有这些因素的综合。越来越多的科学指向了遗传基础。

性取向由四个基本方面构成:（1）恋爱的对象是谁;（2）与谁有性行为;（3）幻想着谁;（4）怎么自我认同。所以，如果你恋爱的对象是同性，与同性发生性行为，心心念念的人也是同性，并且认为自己是男同性恋者或女同性恋者，那么你就是一个同性恋者。反过来，你是与异性做以上的事情，而且认同自己是异性恋者，那么，你就是一个异性恋者。

但是实际情况也并非完全如此。有些人与两种性别的人恋爱，但只与异性发生性行为，又偶尔想着某个同性人。有些人与异性恋爱，只与那个人发生性行为，但又想念着同性别的某个人。任何结合都有可能。

生物学上的"性"与"性取向"、"性别定向"不是同一种东西。它是由你出生时具有的染色体决定的。如果是女性，她们出生时有XX染色体；如果是男性，出生时有XY染色体。但是有些人出生时的染色体是XXY、XXXY、XXXXY，或是XXYY（这些男孩患有一种叫"克

兰费尔特综合征"（Klinefelter syndrome）[1]的疾病），或是 XO（这些女孩患有一种叫作"特纳氏综合征"（Turner syndrome）[2]的疾病，或者是 XYY[3]（这些男孩或许在身体发展上落后，在学校里表现也不太好，更可能参与暴力行为）。大多数情况下，男婴出生时有阴茎，女婴出生时有阴部和阴蒂。但是也有大约 1/2000～1/1500 的婴儿在出生时有两套生殖器（他们被称为两性人或阴阳人），或者外生殖器与内生育器官不配套（他们被称为假性阴阳人）。不管是哪种情况，在孩子学龄前，你会确定地识别出来。我希望你已经与擅长治疗这些综合征的儿科医生谈过了。

"性别认同"与"性别定向"不同于性取向中的"性"和生物学上的"性"。性别认同指是否认同自己是男性或女性，它通过许多构成要素来定义。

到 3 岁左右，大多数孩子能识别自己是男孩或女孩。到 5～7 岁的时候，大多数孩子能发展一种心理学家称为"性别恒定"的意识——知道自己会永远是一名男性或女性。

虽然大多数儿童会调整自己的行为，以符合成人的性别期待，但也有一些孩子并不这样。用美国国家儿童医疗中心的话说，"带有性别混乱特征的儿童，通常有另一性别明显的、持续稳定的行为。"事

1　克兰费尔特综合征（Klinefelter syndrome）：也称先天性睾丸发育不全综合征，是一种曲细精管发育不全的男性遗传疾病，其症状是睾丸萎缩，不能生育。患者在儿童期无异常，常于青春期或成年期时方出现异常。——编者注

2　特纳氏综合征（Turner syndrome）：也称先天性卵巢发育不全综合征，是一种性机能延迟发育的遗传性疾病，临床表现为身矮、生殖器与第二性征不发育和躯体发育异常。——编者注

3　XYY：XYY三体是一种人类男性的性染色体疾病，正常的男性性染色体是XY，而XYY三体者多出一条Y染色体，所以又称"超雄综合征"（super-man syndrome）。——编者注

实上，这种情况比许多人想象的要普遍得多。14%的学龄前男孩和10%的学龄前女孩的妈妈们都报告说，她们的孩子喜欢像异性那样打扮，而这个年龄段6%的男孩和8%的女孩曾表示，他们想成为另一种性别。

大体上说，在不用墨守成规方面，女孩有相对较大的空间：女孩可以讨厌穿裙子，可以喜欢积木而不是洋娃娃，可以非常活跃，而父母和照管者并不因此有所担忧。但另一方面，如果一个4岁男孩偏爱洋娃娃，喜欢与女孩一起玩而不太喜欢和男孩玩，想穿他妈妈的旧裙子，可能会引起父母更多的担心。女孩通常不怕被称为"假小子"，而男孩如果被称为"娘娘腔"，许多父亲就会格外担心儿子的男子汉气概不够。

这一年龄的孩子特别注意成人在生活中的性别差异细节。女儿可能会注意观察妈妈化妆，儿子可能会注意看爸爸站着小便；他们也会注意哪些行为是女人干的，哪些行为是男人干的。他们把这个世界划分为男孩玩具和女孩玩具、男性职业和女性职业。我儿子格雷戈里在4岁的时候，就不再玩某些玩具了，因为他知道那是给女孩玩的。如果快餐店的儿童套餐中只剩下女孩的玩具，那么他宁可不要奖品，也不会拿走粉红色的小马。

我认为父母向孩子传递什么是男子汉气概、什么是女人味很重要，但不用限制他们的选择。这类性别交叉行为大多是孩子在玩角色扮演的游戏，可以尝试不同的行为。许多父母很注重让孩子知道，他们可以做任何他们想做的人。在我家里，我告诉孩子们，男人和女人只有在这点上绝对不同：只有男人才站着撒尿，而女人有子宫所以能够怀孕。另外，我们并不按性别去培育孩子们的兴趣。

随着孩子慢慢成长为青少年和成年人,有些会愈发带有另一性征。大约有十万分之一的男人和十三万分之一的女人是易性癖者:受胎儿期和荷尔蒙分泌以及可能的环境因素的影响,他们感到身体上实际的性结构与性别不相配。这种感觉,如果持续到青春期和成人期,对他们来说,穿异性服装和试图变为异性,仅只能部分解脱。(易性癖者和易装癖者不一样,易装癖者喜欢穿另一性别的服装是为了性唤起。)如果你的孩子反复说他们不喜欢自己的阴茎或阴部,这将可能是你需要去找医学专家或心理健康专家的信号了。如果孩子不断地告诉你,长大后想做另一性别的人,而你说不可能时,他们看起来如果非常痛苦,这或许是易性癖的一个信号。遇到这些情况,您或许需要与您家的儿科医生谈谈了,让他们引荐一些这领域的专家或类似"性别障碍"的项目。有些人相信他们生来就是要转换性别,而且在人生很早的时候就体验了这种不同。你或许不能改变他们,但在帮助之下,他们也可以过着快乐的生活。**PFLAG**,是一家为男同性恋与女同性恋的家长、家庭与朋友提供支持的全国性组织,有一本很好的宣传册,名为《我们与众不同的孩子》(*Our Trans Children*),也可以为你提供一些本地专业人士的介绍。他们也在本书的附录中。

位于华盛顿特区的国家儿童医疗中心(The Children's National Medical Center),发起了"针对性别混乱儿童及其家庭的推广项目"。他们建立了一个网站,专门为那些行为与其性别不一致的孩子及家长提供支持,网站地址是:www.dcchildrens.com/gendervariance。在本书第四章,我将会更多地讨论"假小子"和"娘娘腔"的相关内容。

"我是从哪儿来的?"

几乎每个学龄前儿童的父母都有过同样的担心:我该怎样告诉孩子有关生育的问题?该告诉他们些什么?当孩子在 2 岁半到 5 岁之间,他们可能会问你这个问题,你如果有所准备,就会好得多。他们常常会对怀孕和出生感到非常好奇。心理学家说,孩子在大约 4 岁左右,会懂得婴儿不是无缘无故出现的,在出现之前,一定还有什么事情发生。

心理学家安妮·C. 伯恩斯坦(Anne C. Bernstein)对孩子怎样理解生育做过研究。她把问生育问题的学龄前儿童称为"地理学者",它强调的是从什么地方来。孩子们想知道宝宝们是从哪里来的,他们出生之前在什么地方。

儿童是具象思维者,他们总是运用已知道的、见过的和听过的事物来思考问题。一个研究发现,当孩子被告知"一颗种子种在妈妈身上"时,他们竟然真的去画在妈妈身体里成长的植物;知道宝宝是在妈妈肚子里长的,可能会吓住一个把"肚子与吃和食物"联想在一起的孩子,或许还会引起他们的惊奇:为什么爸爸也有肚子却不会生宝宝?

有些父母问我,为什么回答学龄前儿童提出的"宝宝从哪里来的"这个问题很重要呢?"你还太小,不懂这个,以后我会告诉你"之类的回答究竟错在哪里呢?事实上,回避这个问题可能会让你暂时摆脱困境,但这样给孩子传递的信息是你不想和他们谈论性问题。而简单地回答这个问题会为将来的对话打下基础,并且孩子将知道:你会在这个重要问题上指导他们。

虽然这是个难以回答的问题,但是父母们最畏惧的问题其实是

"宝宝是怎样到那儿的？"。要知道学龄前孩子并不是想了解性交的细节。事实上，在这个年龄，如果你描述性交的具体细节，大多数孩子可能会厌恶。那么，你该怎样回答"怎样到"的问题呢？

首先，了解孩子已经知道些什么。

还记得本书第一章中那个小男孩问爸爸"我是从哪儿来的？"的笑话吗？他爸爸开展了一场15分钟的谈话，对人体结构和生育进行了详细解释。最后那男孩却打断他的话说："爸爸，丹尼说他是从辛辛那提来的，那么我是从哪儿来的？"换句话说，首先要弄清孩子真正要问的是什么！你可以先说"你认为你是从哪儿来的？"，或者"你的意思是你出生时我们在哪儿住吗？"

其次，记住你希望与孩子分享的价值观。例如，让孩子了解只有结婚或成人才能性交重要吗？你可以从这个问题开始分享开来。你可能会有一些特殊的家庭问题要考虑：孩子是收养的吗？是人工授精或体外受精怀胎的吗？是通过剖腹产分娩的吗？……这些情况会影响你的答案。（如果你的孩子是收养的，或是通过生育技术协助怀上的，你需要求助下一章的"特殊问题"部分。）

第三，从非常简单的问题开始，观察孩子对继续讨论这个问题是否感兴趣。下面是进行这类谈话的一些方法——

孩子：我是从哪儿来的？

父母：你指的是，你在哪里出生？还是宝宝是怎样形成的？

孩子：我是指宝宝。

父母：多好的问题呀！宝宝是在妈妈身体内一个叫子宫的地方生长的。

孩子：子宫是什么？

父母：它是女人身体里一个特殊的地方，就在腹部下方。只有女人有子宫，所以只有女人才会生孩子。但是宝宝在肚子里诞生之初，爸爸也会扮演一个特殊角色。

现实是，这类谈话一般能满足大多数 3 ～ 4 岁孩子的好奇心。但是，不要惊奇于他们走开后，想了想，带着更多的问题回来。如果他们是这样的话，你真的应该感到高兴。例如——

孩子：爸爸，我一直在想，宝宝是怎样进到子宫里去的？

父亲：宝宝在妈妈肚子里诞生之前，需要一个男人和一个女人。女人身体里有一个微小的卵细胞，男人身体内有一些微小的精子细胞。当这个卵细胞和精子细胞结合在一起时，就开始有了宝宝。

对于你的孩子来说，理解精子细胞、卵子细胞和受孕这些概念可能有些困难。但事实上，精子直到 1677 年才被确认，卵子甚至更晚才被发现。从人类历史角度看，过去人们认为女人只是个简单的孵卵器，而男人对孕育孩子却贡献了实际的物质。你的孩子也可能会这样想。

目前，这类谈话对大多数学龄前孩子来说可能足够了。但如果你的孩子仍然对这个问题感兴趣，继续问道，"但是那个卵子和精子是怎样结合在一起的呢？"，你可以非常简单地介绍性交是什么：

当两个成人彼此相爱，他们会互相亲吻、拥抱，以感到舒服的方式爱抚对方。有时候男人把他们的阴茎放进女人的阴道里，阴茎把精子射进阴道里，精子沿着阴道游啊游，游进女人的子宫里，当精子遇上子宫里的卵子时，一个宝宝可能就开始了。

就算是最好奇的学龄前儿童，这种程度的介绍也可能足够了。到小学，你可能会介绍得更详细一点。（在下一章，我将更深入地讨论如何回答有关生育的问题。请见第107～114页。）在学龄前阶段重要的是，让孩子知道你乐意回答他们提出的有关出生和生育的问题。

那么那些从来不问问题的孩子怎么样呢？不要假定他们没有关于怀孕和出生的问题，而是更潜心寻找那些可教时刻。怀孕的邻居和亲戚，甚至在商店里见到的怀孕妇女，都为你提供了介绍这样一些概念的绝好机会："记得我们上次见到的琼蒂婶婶吗？她的肚子看起来那么大，因为一个宝宝正在她的子宫里成长。几个月后，你就会看到你的新堂弟了。"

在这方面有一些很不错的书，你可以与孩子一起读。书单请见本书附录。

与学龄前儿童分享生育的要点

- 宝宝的诞生需要男人和女人共同努力。
- 宝宝在妈妈体内一个叫子宫的特殊地方成长。
- 只有女人会生宝宝，但是生宝宝这件事情，男人也不可或缺。
- 妈妈通过乳房或奶瓶给宝宝喂奶。
- 女孩长大后会成为妈妈，男孩长大后会成为爸爸。
- 对于孩子的诞生，母亲和父亲都很重要。

如果妈妈怀孕了，那么这是向孩子介绍有关出生和生育知识的黄金时机。许多父母是在第一个孩子到了学龄前时有了第二个孩子。在预产期临近和把新宝宝带回家时，一定要让你的学龄前孩子参与进来。

你可以带着他（她）一起去医院，和他一起看超声扫描图，与他谈论第一次怀孕时自己有多么兴奋。告诉孩子，你需要有营养的食物和锻炼，并请他督促你保持健康。本书附录中推荐了一些不错的书，你可以与学龄前孩子一起分享有关怀孕的内容。

当父母正做爱时孩子走进来

这种情况似乎迟早会发生在父母身上。当你们做爱时，正光着身子爱抚、拥抱或正在性交，忽然门开了，你抬头一看，是你们4岁的孩子！

提前想一下如果这样的事情发生在你身上时你会怎么做，无疑是必要的。在那个瞬间，你可能尖叫着"出去！"，或者其他不恰当的表达。我的一个朋友忧虑地告诉我，有一次她性高潮后翻过身来，突然看到她3岁孩子眼睛直直地望着他们，她不知道孩子已经站在那儿多长时间了。

所以父母要提前考虑一下这种情况。首先尝试去想学龄前的孩子在想什么。相信我，他们不可能懂得正在发生的事情。这可不是进行有关性交快乐的"郑重其事的谈话"的时候。

你的孩子可能感到困惑，或害怕（是不是爸爸在伤害妈妈？），或者感到困窘（为什么他们没穿任何衣服？），你可能觉得心烦意乱，局促不安，有些生气，甚至因你们被打断而感到沮丧。

我建议最好是先做出平静的反应，深吸一口气，然后轻轻地请你的孩子离开："乖乖，你能给我们一点儿时间，先回到你的房间好吗？"然后，你亲吻你的伴侣，承诺晚一会儿你们会继续这种亲密关

当父母正做爱时，孩子突然走了进来。我建议最好是做出平静的反应，马上去处理这个问题。记住，要先了解孩子自己认为看到了什么，努力把这当作一个可教时刻来对待。它可能是你与孩子分享关于爱、亲密关系或隐私价值观的一次机会。

系，然后穿上睡袍，去孩子那里。（顺便说一句，我认为继续性交而让孩子等着你们不是个好办法。你最好马上去处理这个问题！）

现在，你可能会问自己"我到底为什么必须处理这个问题？"，"我们为什么就不能忽略发生的事儿？"首先，你不知道你的孩子看见了什么，或者他已经站在那儿多长时间了，或者他被惊吓到什么程度。孩子或许会担心你们是在生气或者在伤害。他们会想象出各种各样发生在你们卧室里的可怕事情。实际上这又给你提供了一个可教时刻。

一些父母告诉我，他们担心这种经历会伤害孩子，担心孩子被性唤醒或一直感到不知所措。心理学家弗洛伊德称这种情形称为"原始场景"，认为这会对孩子的生活造成伤害。但是在今天，专家们不认为这类单次事件会对孩子造成伤害。（的确，在很多社会中，全家人共住一个屋檐下，孩子们在整个童年都会观察到父母做爱，而这并没有对他们的成年发展造成伤害。据估计，世界上有 75% 的儿童和他们的父母住在同一间屋子里。）

所以你要考虑遇到这种情况怎么办？首先你希望与孩子分享哪些信息，记住，要先从你孩子已经知道些什么开始，如果有可能，也考虑下他们想象的接下来可能怎么发展。请努力地把它作为一个可教时刻来对待吧。它可能是你与孩子分享关于爱、亲密关系或隐私价值观的一个机会。

类似谈话可以这样开展——

妈妈：亲爱的，你刚才没敲门走进我们房间时，你很吃惊吧？你看见什么啦？

孩子：你和爸爸正在打架。他正在伤害你。

妈妈：实际上我们是在拥抱，向对方表示我们彼此爱对方。（让孩子了解：成人的身体接触是表示爱的一种方式。）

孩子：但是为什么你们不穿衣服？

妈妈：有时候，爸爸和妈妈裸着身子躺在一起觉得很舒服。但这仅仅是对彼此相爱的大人们来说的。（让孩子了解：这是成人的行为。）

孩子：你们对我感到愤怒吗？

母亲：不，宝贝。但是有时候大人们想单独待在一起，当我们卧室的门关着时，那意味着我们想独处。下次，请先敲门，等到我们回答后再进来。（让孩子了解：在家里，我们应该尊重每个人的隐私。）

这种谈话可能会使大多数3~4岁的孩子得到满足。但是记住，要经常给孩子提更多问题的机会。不要忘记在这场谈话结束时给他一个拥抱，让他知道父母爱他。

当然有一种可以完全避免这种情况的方法。为卧室买一把锁，在任何你们会做爱的时候锁上门。让孩子知道，你们锁门就意味着你们想独处，如果他们需要进来应该先敲门。你们仍然可能被打断，但至少可以有一个机会定定神。

Special Issue
特别话题

幼儿园中的性问题

随着父母外出工作人数的增加，越来越多3～4岁的孩子被送到了幼儿园或托儿所。父母或许想知道幼儿园是如何对孩子进行性教育，以及怎样处理这些性问题的。在这里，我不谈学校是否针对学龄前儿童开展正规性教育的课程，只想谈谈学校应该怎样处理一些性问题，比如触摸、如厕和性游戏等。

我经常接到一些幼儿教师的电话，问一些问题：孩子在睡觉时摸自己的阴茎该怎么办？怎样处理游戏室里的性游戏？怎么回应父母们关心的合适性别的游戏？

你可能要问一下幼儿园的园长，幼儿园是否在以下问题上做出了相关规定：

◎ 教师能触摸、拥抱和亲吻孩子吗？（我儿子格雷戈里3岁时，他上的那所幼儿园规定，上课时教师不能拥抱儿童。这是学校对教师的保护措施，以防被指控为性侵害。一次，当我提前去接格雷戈里时，我看到一个哭泣的孩子乞求老师把他抱起来，但是老师只简单地告诉他不要哭。于是，我决定给孩子换一个新的幼儿园。）

◎ 怎样鼓励两种性别的孩子一起玩？有什么单独为男孩和女孩准备的活动吗？

◎ 当孩子提出有关生育的问题时，老师会怎样处理？

◎ 幼儿园如何向孩子讲解关于家庭责任、宝宝和多样性的话题？

◎ 幼儿园尊重家庭的差异吗？幼儿园是否在晚上开设一些亲子课程，以便于工作的父母也能参加？如果你的家庭与母亲/父亲/孩子这种模式不同，幼儿园会支持它吗？（例如，当父母离异各自重建了家庭后，幼儿园会鼓励孩子为母亲节准备两份礼物吗？或者鼓励孩子为祖父而不是为父亲做一幅画吗？等等。）

◎ 当孩子自摸生殖器时，老师通常怎么处理？在班上摸怎么处理？在睡觉时摸怎么处理？

◎ 如果老师发现两个孩子在做性游戏，他该怎么处理？

◎ 在受到其他孩子或者工作人员的性接触时（但愿不会这样），幼儿园的处理政策是什么？

◎ 幼儿园如何支持父母作为孩子的最初性教育者？

如果你发现幼儿园没有做出相关问题的规定，请不要惊讶。确定哪些问题是重要的，以及你希望处理哪些问题，问问幼儿园园长，父母是否可以与幼儿园的工作人员一起讨论这个问题。你可能希望得到一份指导手册"从一开始的权利"（"Right From the Start"），指导幼儿园处理性议题。你可以从 SIECUS 获得（请见附录第 253 页的联系信息）。

性侵害

性侵害会发生于所有类型的家庭中。在美国，每天发生数百起性侵害。令人难以置信的是，在美国，每年有 50 万儿童被报道遭受性侵害。有7%的12岁的以下女孩说她们被性侵害过；有4%的这个年龄段的男孩说他们被性侵害过。在这些案例中，有90%袭击者是孩子家庭里的某个人或家里熟悉的某个人。女孩比男孩更可能被性侵害，男人比女人更可能成为侵害者。但是男孩也是性侵害的牺牲品，有些侵害者是女人。性侵害是每一位家长的噩梦。

过去几年，广为流传的天主教堂儿童性侵害丑闻，为家长们敲响了警钟。如今被定罪为儿童性侵害者的牧师数量，让我们非常震惊。可怕的真相是，一直都有不同教派的宗教领袖对儿童进行性骚扰的案件被报道出来。那些对儿童性骚扰的人，看上去并不是精神错乱的怪物；他们和我们一起工作，和我们一起去教堂，向我们传道，和我们生活在一起。

统计数字是惊人的。在另一项研究中，16%的十几岁男孩和27%的十几岁女孩说他们在12岁以前都被性侵害过。其中有85%的孩子认识那些侵害他们的人。无论日托中心的性侵害案件有多高的被曝光率，但只有2%被报道的案件发生在那里。令人害怕的是，大多数儿童是在自己家里被性侵害的。

我可以想象有许多读者想跳过这个部分。但是对每个父母来说，知道一些可能暗示孩子被性侵的信号，并且知道如何预防它，是很重要的。

大多数父母知道教孩子不要和陌生人说话，不要接受不认识的人给的糖果，或者永远不要和一个陌生人进一辆小汽车。许多幼儿园和托儿所开设了"陌生人危险课程"。这些做法的确很好，也很有成效。然而事实是，大多数对孩子进行性侵害的人是他们认识的。

我认识的一位妈妈回到家里时，发现她丈夫正在抚弄她两岁女儿

的阴部。我一个朋友提前下班回到家中，发现保姆正在用手指往女儿的阴道里插进插出。我的许多成年朋友都有这方面的经历：当她们坐在叔叔的膝盖上时，她们被抚弄；一个朋友的父亲在她们的睡衣晚会（译者注：年轻姑娘穿着睡衣通宵长谈）上，向她们暴露他的生殖器；一个年轻工人邀请她们去他家里，试图让她们看色情杂志。

孩子们也会遭到其他孩子的性侵害。这不同于我在本章前面描述的性游戏。在性游戏中，孩子们通常是年龄相仿的，进行着心情轻松的暴露，并且玩得很愉快，至少在他们意识到会被大人发现为止。总的来说，一旦大人让他们停止，他们也就照办了。

但有些孩子进行了极不妥当的行为，变成对其他孩子——通常是比他们小的孩子——进行性侵害，这包括得到或没有得到其他孩子的同意，与他们进行口腔的和生殖器的性活动。这些孩子自己曾经被性侵害，曾不合适地置身于明显裸露的色情资料或色情行为环境中。一项研究发现，对其他孩子进行过性侵害的女孩(儿童侵害者大约有25%是女孩）和大多数男孩，通常在犯下这样罪行之前的前几年，他们自己也曾受到过性侵害。在最近一个案例中，新闻媒体铺天盖地地报道，在达拉斯3个分别11岁、8岁和7岁的男孩，被指控诱拐一个3岁的女孩，对她用砖头击打和性侵，直至女孩的妈妈走进屋，并电话报警。

那么，怎样保护孩子免受性侵害呢？首先，我想，重要的是要懂得没有100%万无一失的方法。当我的朋友发现她嫁给的那个人是恋童癖者（恋童癖者是一种被孩子性吸引，渴望着与孩子有性行为的人），她的世界就被撕裂了。从保姆的推荐函中，也是不可能知道一个人的性渴望的。邻居和亲戚似乎是值得完全信赖的。当孩子长大时，我们常常让他们相信老师、牧师、神父、营地顾问和童子军领队。的确有恋童癖者混入了这样的队伍，他们的目的是为了更容易接近孩子，细想起来真是可怕。

我不相信孩子能保护自己免受性侵害。一些项目被引入幼儿园和托儿所，被介绍为儿童性侵害的预防课程。现实是，它们不能防止性侵害事件的发生，但他们可以帮助保护儿童，帮助孩子们识别性侵害，让他们知道自己面对侵害时该怎么做。

"触摸和侵害"（"Good touch, Bad touch"）课程尽力让孩子知道合适触摸和不合适触摸之间的区别。我的经验是，要让7~8岁以下年龄的孩子理解这些概念是非常困难的。一个成人的性触摸对孩子来说，可能感觉像是好的触摸；而被医生检查，或给他们洗头可能被感觉为坏的触摸。这些简单的标志对大多数学龄前儿童来并说不起作用。

"不，走开，说出来"（"No, go, tell"）课程更合适一些。它们教孩子，如果有人要伤害他们，要说"不"，并马上离开那种环境，并且告诉父母或照管者。但是这两个课程都基于一种设想，那就是孩子们有社会能力或身体力量去制止成年恋童癖者的行为，但这通常是不可能的。更进一步说，许多这类课程在使用正确的身体术语方面，拘谨得令人吃惊。他们大多教孩子说"身体的隐私部位"或"身体上被泳衣盖着的部分"，他们再一次传达出了这样的概念：成人觉得生殖器是负面的或不好的东西。

这些课程也可能误导孩子错误地理解什么是"合适的触摸"。我妈妈还记得那天她给3岁的艾丽莎洗澡，当洗澡巾经过她的两腿之间时，艾丽莎开始尖叫"别摸我的阴部！"因为那一周幼儿园教艾丽莎"谁也不应该摸她的生殖器"。我一个朋友告诉我，她儿子抱怨她拍他的屁

股,说:"妈妈,我必须告诉老师你这么做了。"

我的意思不是这些课程毫无用处,而是说你不能指望它们能保护孩子免受性侵害。虽然这些课程会让学龄前孩子知道一些关于性侵害的重要信息,而且帮助孩子懂得,有性侵害发生时要告诉爸爸妈妈。但是保护孩子的安全,正是父母的职责。

我相信父母能够防止一些儿童时期的性侵害。一位记者,要为一家妇女杂志写一篇文章,曾问我,为防止孩子被性侵害,一个女人能够做得最好的事情是什么?我回答:"和一个合适的人结婚。"因为现实是,3/4被性侵的男孩和女孩是被他们的父亲、继父,或妈妈的男朋友侵害的。由于大多数对儿童实施性侵害的人也通常会自虐,所以重要的是对被侵害过的成人进行治疗,以彻底治愈个人历史上这段最痛苦的经历造成的心理创伤。

在甄选保姆、幼儿园和孩子的照料者时,你必须非常谨慎。当孩子逐渐长大,你需要打听是否有这样的以社区为基础的组织,比如童子军、少年棒球联盟(Little League)和教堂(或犹太会堂、清真寺等)的宗教教育项目,通过这些机构你查询一下将要被雇用的保姆的背景情况。在保姆的书面申请表上,我曾问过申请者这个问题,"你受过性侵害吗?"这个问题我也经常通过警察局进行核实,了解我们考虑要选择的幼儿园或儿童照管中心是否有相关的悬案。(你可以通过地区社会服务部电话核查清楚,也可以问问学校。)这些参考资料对于了解保姆和儿童保育人员,还是很关键的。你也可以不让孩子到别的孩子家里玩,除非你觉得你很了解那家父母。

作为一名牧师,我特别关心教堂、犹太会堂与清真寺,这对孩子们来说应该是个安全的场所。如果你的孩子正在参加宗教教育项目或

在甄选保姆或孩子的照料机构时,你必须非常谨慎。在保姆的书面申请表上,我曾问过一个问题"你受过性侵害吗?",并通过当地的社区服务站和警察局对保姆信息进行核对。

是青年组织,你可以查看一下该宗教机构有没有认真对待这些问题。他们是否有审查筛选的政策?包括对与儿童、青少年、弱势成年人一起工作的所有员工与志愿者的背景筛查。他们每年是否举办关于预防儿童性侵害的培训?他们是否要求每间教室都有至少两个成年人在场?对那些被认定为性侵害者的人想要进入教堂,是否有明文规定如何回应?

尽管谨慎如此,儿童性侵害仍然会发生。下面一些行为,可以帮助你对可能发生的性侵害提高警惕:

◎ 孩子的阴茎或阴道里有不正常的排出物。当即打电话约见孩子的医生。它可能只是对新肥皂或浴液的过敏反应,或者是穿湿泳衣的时间太长,但是它也可能是性传染病的一个信号。医生会告诉你其中的区别。

◎ 在你反复告诉他(她)这是私下行为后,孩子还是强迫性地当众手淫。

◎ 孩子试图让其他孩子或成人去摸他(她)的生殖器,或者在你告诉他不要摸后,还试图反复地去摸。

◎ 相比较与朋友一起玩、上学或其他活动,孩子开始对性、性行为更感兴趣。

◎ 发现孩子与比他大几岁的孩子一块儿进行性游戏。

◎ 孩子用手刺激生殖器,或与宠物有口腔的或生殖器的接触。

◎ 孩子反复地画生殖器的画,把这作为他主要的兴趣点。

◎ 孩子开始表现出弄乱厕所的行为,比如玩他们的粪便。

◎ 发现孩子与其他孩子进行口交-生殖器性行为。

以此对照，父母发现孩子有任何上述行为，都会感到恐慌。但是，你要试着保持平静，并打电话给儿科医生请求立即约见，请他推荐一位专门研究儿童性侵害与评估的心理健康专家，寻求对孩子和你自己的辅导与支持。如果孩子已经被性侵害了，就寻找专业的治疗机构。他们可以帮助被侵害的儿童和侵害别人的儿童。

如果你小时候遭受过性侵害，我知道阅读这个部分对你来说可能特别困难。许多童年时代遭受过性侵害的人，都会觉得羞耻、罪恶和沮丧。如果你没有适当处理过这个遭遇，你需要知道：对这种侵害，你是没有责任的。

还有一点也很重要，不要让对性侵害担心的你，影响孩子与人的正常接触。你也希望照料者搂抱、亲吻和拥抱你的孩子，让他体会到爱抚是件非常美好的事情。同时，你也需要教孩子判断谁可以触摸他们，谁不可以。

孩子们知道谁的触摸是舒服和安全的。他们讨厌那些使劲拧他们的脸蛋、闻着身上有股怪味儿的或不尊重他们界限的亲戚们。我认为，需要让孩子自己决定接受还是拒绝别人的触摸。是的，如果小克里斯蒂安不想亲吻爷爷，你可能觉得有些难堪，但强迫孩子去拥抱、亲吻、搂抱别人，也绝不合适。曾经，我的孩子在对亲戚说"再见"时，没有拥抱或亲吻他们，这几乎使我母亲发疯，她认为这简直太不可思议了。但是我要让孩子知道，我们尊重他们的感觉，他们有权利对任何不愉快的触摸说"不"。这对我来说，要比使亲戚失望重要得多。

当孩子长大一点，你要仍然生活在他的圈子内，继续参与他的生活，这是防止他们遭受性侵害的另一种办法。不要只把孩子丢在游乐场或足球练习场上，你应在那里和管理者聊聊天，了解他们。留神那

些对你孩子感兴趣的成人。你不熟悉的人，若要求单独与孩子待在一起，也可能是潜在危险的迹象。

有关学龄前儿童性侵害的要点

▶你的身体属于你自己。

▶父母帮你洗澡，父母（或保姆、其他照看者）帮你擦干身体，医生或护士为你检查身体，这些都是看或触摸你身体的合理情况。

▶如果有人使你感觉不好，或感觉怪怪的，或他们做的事情使你感觉"糟糕"时，尽快到父母身边来。

▶如果你不想让某人摸你的身体，你可以告诉他不要碰你。

▶如果某人摸你并让你保守秘密，无论如何都要告诉父母。

▶如果有种情形让你觉得怪怪的或不好时，就大胆说"不！"，试着赶紧离开，并马上告诉父母。

第四章　小学低年级

（5~8岁）

Exercise
价值观练习（5~8岁）

你正在和 7 岁的孩子一起看电视，女演员对男演员做了一个富于挑逗性的评价。这时你会：

- ☐ a) 什么也不做，希望孩子错过它。
- ☐ b) 关掉电视，说："你不能再看它了。"
- ☐ c) 问："你认为她说的是什么意思？"
- ☐ d) 等到广告时间，说："这种表演使我很不舒服，我不喜欢彼此用这种方式对待。"

你 6 岁的儿子要上芭蕾舞蹈课，你会对他说：

- ☐ a) "只有女孩上舞蹈课。"（或"男孩应该踢足球。"）
- ☐ b) "好吧，我帮你了解一下吧！"
- ☐ c) "你还有什么更感兴趣的吗？"然后提议一项更适合男孩的活动。
- ☐ d) 换个谈话题目。

孩子放学后上了汽车，说："噢……我 x，我忘了我的背包。"你说：

- ☐ a) "你在哪儿学的那个词？"
- ☐ b) "永远别再那个样子跟我说话。"
- ☐ c) "听起来你真的很烦，我们一起去找你的背包吧。"
- ☐ d) "我们去找你的背包吧，等回到家里，我们会谈谈你用的那个词。"

你发现你 6 岁的孩子在与两个邻居家的小孩玩游戏时，他大声喊"你有艾滋病"。这时，你会：

- ☐ a) 不予理睬，让他们做完游戏。
- ☐ b) 让他们停下来，坐下来，一起谈谈关于艾滋病的问题。
- ☐ c) 以后与孩子谈艾滋病，让他不要再以这种方式玩游戏。
- ☐ d) 问"你在哪儿听到艾滋病这个词的？"

在我第一天送艾丽莎到当地公立学校的学前班时，我哭了。我带着她走进教室，把她介绍给老师，亲亲她，然后说再见。当我走到停车场时，眼泪突然流了出来。从3岁起，她一直在一所私立幼儿园，我从来没有像这个早晨一样因为分离焦虑而落泪。但那天，我的感觉是，她离开了我们能够严密保护她的世界，进入了一个更广大的世界。她将置身于和她具有不同价值观的孩子和成人面前；身处在老师面前，小学老师可不像幼儿园老师那样感情外露和关心她；面对更多的学生；更多地，她将置身于可能使她的感情受到伤害、信念受到挑战的环境中。我有一种想和老师私下里谈谈的强烈冲动，告诉她我的孩子非常特殊，需要她多多费心。那一刻，我想起了家庭学校（home schooling）的种种好处！

孩子正在长大

小学低年级是孩子成长变化巨大的时期。午睡和玩乐的时间让位给了考试和家庭作业；幼儿园的拥抱被较冷淡的问候代替；12人的班级现在变成了20多人；老师对每个人的关注也减少了。孩子会发现，并不是所有人都以自己在家的那种方式生活，大一点的孩子会有更强的影响力。孩子在公共汽车或操场上，从其他孩子那里听来的有关性问题的信息，比你想与他们交流的要多得多。

弗洛伊德认为，从6岁至青春期是性问题的潜伏阶段，这个时期的孩子对性没有兴趣，因为他们正忙于社会性和智能方面的成长。现在这个理论依然被用来抵制对小学低年级的孩子进行性教育。

没有什么比"潜伏"这一概念更与现实相悖的了。5～8岁的孩子仍然对性问题非常感兴趣，他们只是不像成人表现得那么明显。一些专业人士认为这种潜伏是性文化压抑的结果；而在性可以坦白表达的文化中，孩子们在整个童年时代可以持续地表达这些兴趣。在最近的一项对11000多名2～12岁孩子的研究中，母亲们表示她们观察到这一年龄段的所有孩子都有性方面的行为。例如，在6～9岁的男孩中，有14%的孩子仍然当众摸自己的生殖器，有40%的会在家这么做，20%的男孩想办法看人的裸体，8%的想看电视中的裸体，还有14%对女孩非常感兴趣。对于这个年龄段的女孩们，妈妈们也观察到有性行为的表现：她们20%摸过自己的生殖器，20%想办法看人的裸体，8%想看电视中的裸体，还有14%对男孩非常感兴趣。而这些仅仅是妈妈们所能观察到的行为！

5～8岁的孩子作为有性别意识的人继续成长着，他们对怀孕和生育非常好奇。他们发展更可靠的友谊，多数男孩和女孩更偏爱与同性孩子一起玩。他们对性别角色的社会界定更加注意，对哪些是对男孩的期望、哪些是对女孩的期望有了更明确的意识；他们会与男孩和女孩一起性游戏，而且更有可能在大人看不到的地方进行。在私下里，他们对自己生殖器的探索会更有目的性。

一些性学家更相信，5～8岁是孩子性发展的关键时期。据霍普金斯大学的约翰·马尼博士（Dr. John Money）的研究显示，与我们发展母语的方式相似，每个人在生命的最初几年会发展出"爱情地图"（love map），在大约8岁左右完成。马尼博士认为，"爱情地图"描绘了一个人理想中的恋人、理想化的爱情和性事，以及理想中的单独或合作开展的性爱活动，是一种同时存在于心智与大脑的不断发展的图景。这些都投射在个人想象和观念中，或投射在可观察出来的行为中。

换句话说，我们的"爱情地图"形成于头脑，帮我们发展出一幅理想化的浪漫的性伴侣的图景，包括偏爱的体形、种族、肤色、气质和外貌等，也发展了我们成年后偏爱的性行为。据马尼博士的研究，到8岁左右，孩子们的"爱情地图"已经非常好地建立起来了。

许多专业人士认为，小学是人们形成道德思想的最重要时期，这也是构成成人性健康的一个重要部分。学龄前的孩子们会认为，他们的想法是唯一可行的，但在小学早期，孩子们开始懂得，考虑一个问题时，还会有其他的观点和方法。他们开始懂得这条"黄金法则"：己所不欲，勿施于人。

发展移情能力和做正确的决定，是建立成人性健康的基础的一部分。比如，一个性健康的成人能够对性做出符合他价值观的决定，能够区别哪些行为能提高生活质量，哪些对自己有害或对别人是危险的。让你家上小学的孩子有充分的机会自己做决定（比如"今天你想穿蓝衬衫还是绿衬衫？"，"今天午饭你想吃什么？"），给他们实践这些决定的机会。与孩子一起探讨故事结局的各种可能性，帮助他们思考"除了与王子结婚，灰姑娘还能做些别的什么？"与孩子一起读含有道德思考的书和故事，为讨论一些重要议题提供了机会，比如你可以问"韦尔伯和夏洛特是怎样成为好朋友的？"，帮他们理解所有的决定都会产生相应的后果，让孩子知道他们的行为是会影响自己和别人的。

5岁是一个开始进行家庭会议（family meeting）的合适年龄。有的家庭每个星期聚一次，一起讨论大家共同关心的问题，有的家庭在家里有问题需要讨论或做决定时才那么做。对孩子来说，家庭会议是一个帮助他们学习如何做决定的好机会。例如，孩子们可以参与决定周末进行什么活动、全家人要到哪儿度假、家里是否应该养一个新宠物等问题。寻找机会，让孩子多多参与家庭事务的决定。在家庭会议中，每个家庭成员都可以提出自己关心的议题或事情，包括从家务到请保姆等所有的事情。

有关小学低年级儿童做决定的要点

　▷ *每个人都不得不做决定。*
　▷ *所有的决定都有后果。*
　▷ *做决定是一种能力。*
　▷ *孩子们做决定时需要成人的帮助。*
　▷ *父母可以帮助孩子做决定。*

但是，父母也要有所准备，孩子们可能会参与到对他们还不太合适的事情中来。当我们告诉6岁的艾丽莎我们准备要一个新宝宝时，她愤怒地质问我们："为什么你们做这个决定时不告诉我？"我们告诉

她，有时大人需要自己做一些私人决定，而不需要孩子的参与。但是，这也确实提供了一个非常好的可教时刻，让我们有机会和艾丽莎谈谈宝宝是怎样来的。

告诉孩子生命的来源

小学低年级孩子经常会遇到这样的情况：一个四年级或五年级的大一些孩子，在公共汽车或操场上对低年级孩子说"我敢打赌，你不知道宝宝是从哪里来的"，或者更挑衅地问"你知道你的父母是怎样×××吗？"接着这个大孩子就开始讲他那一套对生育和性交的理解。最糟糕的是，父母们还从来不知道自己的小孩已经有过这样内容的交流。

现在请父母们停下来想一想，你是怎样了解有关性交知识的：谁告诉你的？那时你多大？你最初的反应是什么？你相信你的父母这么做过吗？你相信告诉你的那个人吗？你记得你和父母第一次讨论性和性交问题是在什么时候吗？（有人告诉我，他们竟然是在结婚前的那天晚上！）我们许多人都是由年长的朋友或兄弟姊妹告知的，而且多数人都相当震惊，或许还感到厌恶。我们会想"我爸妈才不会那么做"或者"我爸妈只那么做过两次，一次是为我，一次是为我弟弟"。甚至我们有些人现在仍然愿意这么一厢情愿地想。

我认为，小学低年级是父母向孩子介绍性交概念比较合适的阶段。我不是说让父母给孩子讲述做爱的细节，而是说要确保孩子可以这样回复那些大孩子："我妈妈和爸爸与我谈过这些，我不要听你的。"

父母们可能会问：我真的需要与孩子进行这样的谈话吗？在街上

了解到它不是也挺好吗？那么，"它"是什么？想一下我们第一次知道有关出生的那些故事：鹳鸟把你送来的（译者注：在欧美传说中，鹳鸟若在某家筑巢，该家庭不久便会有婴儿诞生）；你长在白菜地里；你是从商店买来的小孩。我的一位同事说，他仍然记得他妈妈告诉他"你是爸爸在妈妈身上种的一颗种子"时，他的反应是"需要用铲子吗？"

想想某人第一次告诉你关于性交的事情，那时你真的相信你尊敬的父母会干那种事情吗？想想看，与其让一个大孩子向你孩子描述大人做爱时的丑恶印象，倒不如你慎重地向孩子强调"做爱是大人的行为"，传递一些正面的性信息。如果你不在这个时候对孩子进行性教育，而是等到他长成颇为自负的准青春期少年时，你再与他进行第一次有关性的谈话，他准会说"这些我早都已经知道了"。（当然，如果你真的不同意这一点，请跳到本章的下一部分。）

心理学家安尼·伯恩斯坦说，小学低年级的孩子在有关生育的问题上，已经从"地理学家"变成了"制造者"：他们对宝宝们是从"哪儿"来的兴趣变淡了，而开始对宝宝们是"如何"被制造出来的更感兴趣。他们不可能仅仅再满足于精子和卵细胞的答案，现在他们想要知道精子和卵子是怎样结合在一起的。

许多人告诉我，在单亲家庭里，孩子们知道宝宝是精子和卵子结合的产物后，就会以自己的方式理解这个过程：或许一个女人坐在一个男人膝上时，精子和卵子就结合了；或许大人睡在一起时，精子从床上一路游到了女人体内；或许这是在游泳池里发生的。然后，他们会像小小孩那样，重新估算风险：女孩会害怕与兄弟们睡在一起，或者害怕坐在爸爸的膝盖上，或者害怕到公共游泳池去，因为她们不想

　　在3～8岁的孩子知道了宝宝是精子和卵子结合的产物后,他们会进一步想知道宝宝是"如何"被制造出来的,从而有各种想象:或许大人睡在一起时,精子从床上一路游到了女人体内;或许这是在游泳池里发生的。

怀孕。一位同事与我分享了他的做法，他告诉5岁的孩子，"妈妈和爸爸非常近地躺在一起。"迷惑了一阵子后，儿子回答："爸爸，你的解释什么也没说明。"我的同事在忍不住笑完后，同意给儿子讲得更详细一些。

那么，父母该说些什么，以及什么时候说？让我们来想想生活中的可教时刻，比如你们在公园里看见一个怀孕妇女时，比如你们一起读有关怀孕和生育的书时，或者你们一起看电视节目，看到两个成人正一起向床边走去时，等等。例如——

父母：你还记得我们谈过宝宝是怎样被造出来的吗？

孩子：记得。

父母：你都记得什么？

孩子：关于精子和卵子的一些事情。

父母：对。那么你记得必须有一个男人和一个女人才会开始有宝宝吗？在男人身体内，有一种特殊的细胞叫精子；在女人身体内，有一种特殊的细胞叫卵子。当一个精子和一个卵细胞结合到一起时，就可能开始产生宝宝。你认为精子和卵子是怎么到一起的？

孩子：精子是从床上游过去的吗？

父母：这个猜想很好。但真实的情况是成熟的男人和女人彼此相爱，有时候他们在一起时，男人会把阴茎放进女人的阴道里，这让他们感觉很好。后来，男人的精子从他身体内出来，通过女人的阴道进入子宫，精子和卵子在女人的身体里结合在一起。这就是胚胎的开始，而胚胎会发育成宝宝的。

然后，等一等，看孩子是否被这个信息吸引，他们有怎样反应，

等等看他们是否还有另一个问题。父母也可以和孩子一起看适合这个年龄段的有关生育方面的书。

一个可能的反应是，孩子们会说："噢，爸爸，那多下流呀！"而且说的时候的表情看起来很厌恶。孩子们第一次了解性交的事情，这种反应是正常的。把阴茎放进阴道里看起来似乎是不可能的，或者说，这个想法太古怪了。这就是为什么应该由父母或监护人向孩子介绍性交概念，而不是由操场上的伙伴来进行，这点很重要。你可以对孩子说："我理解这对你来说很讨厌，没什么，因为这只是大人们该做的事。等你长大了，你再决定你是否要这么做。我们可以另外找时间多谈谈这个问题。"然后给他一个大大的拥抱（如果有必要，你可以到另一个房间做一下深呼吸）。

孩子们也可能有其他的反应。一位朋友告诉我，他儿子问"下次我是否能在旁边观看？"另一位朋友告诉我，她女儿问，"在我第一次性交时，妈妈是否能和她在一起？"有人告诉我，他女儿说："不，爸爸，我听说我是你在商店里买的宝宝。"最近还有人告诉我，她4岁的孩子说："妈妈，这太不可思议了！"不管你孩子的第一反应是什么，你都需要相同的回应步骤：回应孩子的感觉，给他们正确的信息，传递你的价值观，敞开谈话的大门。

在向孩子介绍性交的概念时，有一些非常重要的内容需要强调：

第一，要让孩子了解，性交不只是为了造宝宝，它也是爱和快乐的表现。总之，不要让孩子误以为人们只是在想怀孕时才性交（除非那是你们家庭的价值观）。我认为在这种观念引导下成长起来的孩子，他的性观念是健康的，不会想着父母只是在想要自己和兄弟姐妹时才性交。你或许会惊讶，现在有很多成人仍然不相信——至少不愿相信——他们的父母在生育孩子之外,还有性交。

我不赞同借助动植物来向孩子们介绍有关性交的知识。我一直都不明白人们为什么用鸟和蜜蜂来讨论性教育,因为,花粉和花蜜永远不能帮助人们理解人类生育和性的愉悦。带孩子到动物园看猴子交配也不管用。观看动物交配,会让孩子感到困惑和恐惧,除非孩子本身就生活在农场里,这些只是他们生活环境中很正常的一部分。例如,我的一位朋友养美洲驼,他的女儿从小时候起就生活在有美洲驼的环境里,等她到上小学低年级时,父母就能用给美洲驼做人工授精的时刻作为一个可教时刻。但是,这对我们大多数人来说是没有用的。

第二,向小学低年级的孩子介绍一些有关控制生育的内容,比如人们可以选择是否要孩子、什么时候要孩子以及想要多少个孩子等。这个年龄的孩子可以学习一些有关避孕的简单知识。他们能够理解:所有的孩子都应该是父母想要的;有些家庭有孩子,而有些家庭没有孩子;每个家庭能决定自己想要多少个孩子。你还可以介绍阻止精子和卵子相遇的办法,即生育控制。

在这个年龄段向孩子介绍避孕的概念,是让他们知道性行为是有后果的,性交得有保护措施。你不需要在这方面花费很大精力,生活中会有一些合适的可教机会。比如,如果你和孩子一起在商店,你需要买避孕药和避孕套,那么不需要你专门再跑一趟了,你可以在买其他东西时一起买了它们。如果孩子问起来,就告诉他:爸爸和妈妈彼此相爱,也爱他,但是决定现在不想要更多的宝宝了。一个调查显示,知道妈妈用哪种方法避孕的十几岁女孩,自己避孕时更可能采用同样的方法。在介绍性交概念的同时介绍避孕概念,让孩子知道性的体验是需要有保护的,这点也是重要信息。

几年前，我到瑞典进行一次研究旅行，有机会遇见一些十几岁的瑞典少年。瑞典少年和美国少年在开始性交的时间上大致相同，但是瑞典的青少年只有1/6的怀孕率。当我问及一群瑞典九年级的少年，他们有没有过无避孕性交时，他们茫然地看着我，对我问题的诧异程度好像是我在问人们为什么会互相残杀。我进一步解释，美国许多十几岁的青少年不懂得避孕的方法，他们仍然沉默着。一位少年最后主动回答："那多傻啊，除非你想怀孕，不然就像开车闯红灯。"他们解释说，他们是几乎同步知道如何节育和有关性交的知识。我相信，这是我们应该努力追求的程度。

第三，不刻意强调怀孕和婚姻之间的关联也很重要。我认为，与孩子谈论生育问题时提"成人"这个词语比提"已婚人士"更合适，因为孩子不久就会亲自见到没有结婚而有孩子的成人，或者通过媒体见到。这并不是说，你不应该教孩子"只有结婚才能生孩子"这个价值观（如果这是你们家庭的价值观的话），而是要把你的价值观与真实世界的事实区别开来。比如，你可以说"有一些大人没有结婚而有了孩子。在我们家，我认为……"（然后陈述你自己的有关婚外生育的价值观）。

回答孩子的问题，为他们提供一些健康的有关性交的介绍，能够让你的孩子知道：(1)你尊重他们的感情；(2)性交是大人们的事情；(3)成年人自己决定是否需要和什么时候需要性行为；(4)在家里可以谈论性问题。而这种回答和讨论通常三分钟就会有收获。

关于人体结构和生育的要点（小学低年级儿童）

▸男性和女性的身体都是特殊的。

▸生育既需要男人也需要女人。

▸男人体内有精子细胞，女人体内有卵子细胞，所以人们能够生育。

▸性交是男人把阴茎放进女人的阴道里。

▸性交是为了爱、快乐和创造宝宝。

男孩女孩一起洗澡

几年前，我接到一位同事的电话，他很焦虑。他是一名医生，重点方向为青少年医学，同时也是6岁儿子和5岁女儿的父亲。我们先交流了一些工作问题，然后他把声音放低，问了一些个人的事情，"我和妻子决定不再让两个孩子一起洗澡了，但是他们不干。我们担心他们这样会有性行为。"

我平静地问："为什么？"

他仍语气担忧地喃喃回答道："他们会看见彼此的身体，而且想去尝试。"

我回答他："我知道你很为这个担心，但是他们那样做了吗？你有什么理由怀疑他们彼此想有性接触？"

他窘迫地承认他的想法确实没有确切的理由，那只是一种担心和关注。我向他建议，让他摘去成人的有色眼镜——是的，孩子们可能

会对彼此身体的不同部位感到好奇，但是他们绝不可能由于彼此的观看而产生性唤醒。

　　事实上，男孩和女孩一起洗澡会为你提供另一个可教时刻。我向他建议，如果两位孩子到小学低年级时仍然觉得一起洗澡很舒服，而且还想继续这样，那么他们应该重新考虑一下了。他们应该明确告诉孩子们不要摸对方的生殖器，因为身体的那个部位是私人的。他们也应该告诉孩子，如果他们中的哪一个对一起洗澡感到不自在，就要告诉爸爸或妈妈，一起洗澡的这种情况也应该结束了。为了使他们自己更舒服一些，父母可以把门开着，还时不时地进去，确保孩子是安全的，而且真的是在洗澡。

　　我还告诉他，6岁孩子或许很快地放弃一起洗澡，共同洗浴可能让位给单独洗浴。即使在裸体很普遍的家庭里，孩子们也会进入一个"含蓄阶段"：他们不愿再在父母面前换衣服，也不愿再光着身子走来走去。我现在仍然能记得我5岁的时候，当妈妈要求我在沙滩上把湿泳衣脱下来、换上干的时，我是多么尴尬。在她意识到我需要隐私之前，我已经想要隐私很长一段时间了。

　　尊重成长中的孩子的隐私愿望，这点很重要。如果他有一个可以关门的卧室，家里的任何成员在进入之前都要敲门，这对孩子有好处。我从宾馆带回来一个小塑料牌子，上面写着"请勿打扰"，告诉孩子们：如果想一个人待着时，就把小牌子挂在卧室门外；我们进门之前，会敲门，并等待他们回答。有关隐私的这些讨论，可以帮你处理这个年龄段孩子对生殖器更有目的的探索。

手 淫

在小学低年级阶段,自摸生殖器可能开始变得越来越有目的性,有的孩子也可能不会。对此,你或许只能顺其自然。我的一位女性朋友曾告诉我,她的第一次性高潮大约在六七岁。另一位同事与我分享了她6岁女儿的故事。很小的时候,她女儿就常常趴在家具上或用洋娃娃摩擦她的阴部,他们告诉她这种行为应该在自己的房间里私下做。在大约女儿6岁的一天晚上,妈妈到房间吻她并道晚安,从女儿的动静中妈妈意识到她在手淫。她6岁的女儿说:"妈妈,你能出去吗?我正在摩擦,我就快要到那特别舒服的时候了。"很清楚,她已经发现了自娱的快乐。

对于这个年龄的孩子来说,手淫是正常的,不手淫也是正常的。有研究者在一项研究中发现,有40%的6～9岁的男孩和20%的6～9岁的女孩用妈妈教给他们的知识手淫。这还仅仅是父母知道的正在发生手淫行为的孩子。事实上,这种事件的真实数字可能还要高很多,许多6～9岁的孩子能很好地在大人面前隐藏这种行为。

与孩子在一起时,你需要思考想向孩子传递有关手淫的何种价值观。如果你的家庭认为手淫是错误的,那么请把它告诉孩子;如果你的家庭认为手淫是私下体验性的健康方式,你的孩子也应该知道这个观点。但是,无论你家庭的价值观是什么,所有的孩子都应该知道:手淫不会引起身体和精神上的损害,而且它应该在一个私密的地方做。小学低年级的孩子也可能和他的伙伴们一起探寻这种体验。

孩子间的性游戏

事实上,在整个小学低年级期间,性游戏都在继续。对一些孩子来说,这个年龄可能是他们第一次真正做无监督游戏的机会。6~9岁儿童的性游戏和学龄前儿童的性游戏之间有一个最大的不同:到小学二三年级,大多数孩子能更好地照料自己,可以确保性游戏不被大人发现。

我丈夫记得他家附近有一棵大松树,孩子们经常在那里互相脱衣服。在我长大的邻近地区,有一个孩子住在一个尚未竣工的地下室里,大人们似乎从不到那里面去。我的一位朋友仍记得曾与邻居小朋友在树屋里玩性游戏。

我一位朋友的家里发生了这样的事情。她的女儿泰茜在上小学三年级,在一个约会日,与一位男同学一起回到家,当她问女儿他们做了什么时,泰茜回答:"我们在玩一个游戏,妈妈。如果我告诉你一些事儿,你可不要发疯哦!"我朋友说:"当然不会。"然后泰茜说,她和罗伯做了一个游戏,失败的人必须做胜利者要他做的任何事情。她说当她失败了的时候,罗伯让她脱掉裤子,然后他亲她的"私处"。我的朋友努力保持着平静,她问:"那么,发生了什么?"泰茜说:"哦,我输了,我那样做了。我有点喜欢那样。"我朋友这时好不容易吸了口气,然后说:"接下来发生了什么?""哦,"泰茜说,"罗伯输了时,我让他也脱掉裤子,我要亲他的阴茎。你现在是不是感到快要疯了,妈妈?罗伯告诉我不要告诉别人。"接下来我的朋友不知道怎么做或怎么说,她不愿失去女儿对她的信任,想办法逃掉:"这不是小孩子应该做的事，以后请不要再这么做了。"

经过考虑之后，她决定打电话给罗伯的父母。他们不相信她的话！不可思议的是，一个星期以后，他们打电话来说他们看见泰茜那个周末就睡在罗伯的屋子里。我的朋友说，"哦，天哪，不！"此后再也没让泰茜和罗伯在无人监管的时候在一起。

到底应该怎么看待孩子间发生的性游戏呢？现在让我们来看一下上一章第69页关于儿童性游戏的评价图表。从泰茜这边看，它可能明显是儿童时代简单的好奇心，但从罗伯那边看，或许有别的什么迹象。很显然，罗伯已经接触到了不适合他年龄的关于口交的信息。问题是，这是通过个人的某次虐待经历知道的，还是天真无邪的？是无意中从成人的谈话中听到的，还是从有线电视剧或电影中看到而模仿的？

父母需要考虑的问题是，孩子们在进行这种形式的游戏时是否觉得舒服，父母是否想要尽一切可能以确保它不会发生，或者介于两者之间。许多父母错误地认为这只是不同性别的孩子们在一块儿玩玩而已，但事实并非如此。这种性游戏不仅会发生在不同性别的孩子之间，也会出现在同一性别的儿童身上，但是它与儿童将来的性取向是没有关系的。

一些常识性的做法虽然不能杜绝这类事情的发生，但却能减少小学低年级孩子玩儿童性游戏的可能性。你应该确立一个家庭规则：如果孩子带同学或朋友来家里玩，只能是在客厅或书房等家庭公共的活动空间里玩；如果是在孩子自己的卧室里玩，房门必须是打开的。你应该告诉孩子，没有人可以摸他们的生殖器，而且他们也不应该摸别人的。

如果在你的小学低年级的孩子身上发现了这类性游戏，你该怎么

办?请再看一下第 69 页的图表。如果这个行为落在"正常的"那一栏,那么请保持平静,向孩子传递你的价值观,明确说明你对他们将来一起玩的游戏的期望。如果这种行为有更多麻烦的话,无论如何,你需要咨询儿科医生或心理健康专家。如果你认为它可能是性侵害的话,请翻看第 91 ~ 99 页的部分,仔细思考应该怎么处理这种情况。

孩子们在小学低年级期间会试验所有类型的友谊,他们在学习怎样交友的问题上需要你的帮助。

友 谊

在小学低年级期间,孩子们在学习如何交朋友方面会有更多的各种可能性内容。在学龄前,孩子们的大多数友谊基于方便,比如在父母安排的聚会日里交到好朋友,与幼儿园的其他小朋友或与邻居家的孩子一起玩。在小学的第一年,孩子们开始选择自己的朋友。一般来说,大多数女孩在这个时期会倾向于发展几个最好的朋友,而大多数男孩往往会有更多数量的朋友,但友谊关系没有女孩间那么亲密。在这个时期,因为各种原因,一些孩子交友时会遭到拒绝。对父母而言,了解孩子是否有朋友非常重要。不受欢迎的儿童经常被拒绝,会觉得难过,会体会到低自尊感的痛苦。分享下我的个人故事:我的整个小学二年级完全被"仇恨黛比·哈夫纳"俱乐部给毁了(译注:这个俱乐部的意思是,本书的作者黛布拉·哈夫纳在小学二年级时受到同学们的排斥,为了排斥她,同学们甚至专门组织成了一个俱乐部)。我的老师和父母在那时都没有干预,我缺乏指导和支持。虽然到三年级时,这种情况结束了,但这已是我永远也不会忘记的一段经历。

关于友谊的要点（小学低年级儿童）

➤ 人们可以有许多朋友。

➤ 一个人可以有不同类型的朋友。

➤ 朋友会花时间在一起并相互了解。

➤ 友谊以诚实为基础。

➤ 朋友可以对彼此感到愤怒。

➤ 朋友有时候会伤害彼此的感情。

➤ 朋友会宽恕对方。

➤ 朋友会分享彼此的感情。

➤ 朋友会互相帮助。

➤ 朋友可以是女性或男性。

➤ 朋友可以是年龄比你小的，也可以是比你大的。

➤ 对其他孩子苛刻或冷酷是不对的。

如果你的孩子在学校交朋友有些困难，那么请与老师谈一谈，请老师在班里观察你的孩子，邀请同学们与他（她）一起游戏。与你的孩子谈谈，如何交好朋友。他们需要学习怎么做别人的好朋友，怎样进行一场顺畅的交谈，怎样表达对其他孩子的兴趣，怎样发展友谊等。

对有些孩子来说，能够有所帮助的做法是，为他们提供一些可以交到朋友的机会，比如：为孩子报名加入某项运动（男孩或女孩童子军、教堂的活动项目等），在游戏日邀请邻居家的孩子来玩，或者让你的朋友和他们的孩子一起过来玩。尽量让你的孩子有一些与同龄孩子一起玩的愉快机会。

如果你发现，是你的孩子在排斥其他的小朋友，你要告诉他们以开放的心态关心他人很重要。通过和他们交谈，告诉孩子被嘲笑或拒绝的感觉，从而帮助他们培养同情心。告诉孩子，你不会容忍他们这样不友好地对待其他孩子。通常情况下，在某些方面与众不同的孩子，比如残疾孩子或那些不符合性别期望的孩子，很有可能被欺负。

"假小子"与"娘娘腔"

我正开车带着格雷戈里和他的三个男性朋友，去参加学校的郊游。其中一人说："你们觉得新来的那个女孩真的是女孩吗？"另一个人说道："怎么可能？她穿成那个样子，而且似乎她更喜欢与我们一起玩！"我听着他们的谈话，意识到他们好像忘记了我正坐在前座上。他们并不是真的在挑剔，只是对这个穿着军装、留着短发、穿着男士运动鞋、对"女孩的事情"全然不感兴趣的女孩感到好奇而已。当我们到达停车场时，我对他们这样说道："每个人喜欢与厌恶的东西都是不同的，我希望你们能与这个女孩一起玩耍。听上去她很想成为你们的朋友。"

不同于学龄前的男孩——有那么几周想要试试高跟鞋、玩玩洋娃娃，也不同于学龄前的女孩——有时不想穿裙子、只想玩卡车，孩子们上小学时，会更多地意识到，社会对男孩与女孩的角色有所期望。然而，尽管面对社会的压力，有些孩子仍会更多地认同另一性别的特征与活动。根据美国国家儿童医疗中心的说法，"性别混乱或性别不一致是指，其兴趣与行为，不同于该性别的典型文化规范。"

那些喜欢像男孩一样行事的女孩，通常会被贴上"假小子"的标签。与想要学习芭蕾舞的男孩相比，父母通常不会对想要踢足球的女孩给予太多的关注。相对被视为"娘娘腔"的男孩，"假小子"更容易被同学接纳。然而，这两种情况都可能面对被取笑和被社会孤立，特别在他们的外形更像异性的情况下。

对父母而言，特别是对那些有严格的性别角色期待的父母来说，孩子表现出性别混乱的行为，会让他们觉得很艰难。事实上，与那些主动选择符合社会性别期望的孩子相比，这些孩子并不是刻意选择对性别混乱感兴趣。今天，很多专家相信，这种不同主要是生物影响的结果，是家长、老师与治疗师无法改变的，就像左撇子不能通过坚持用右手写字就能得到改变一样。诚然，外在行为改变是可以被强迫的，但在内心深处，孩子们可能会隐藏着他们的真实兴趣，并且被那些坚持认为他们是与众不同的人而拒绝。

如果你为孩子性别混乱的行为而困扰，与有相同经历的其他家长谈谈，或与受过相关问题培训的治疗师交流，将会对你有所帮助。特别是对怎样向孩子表述这些问题，你与其他家长的看法不一样时，这样做尤为重要。治疗师可以帮助你和孩子学会如何应对他人的不理解、欺凌与偏见，类似孩子家长团的支持也能让你感到不再孤立无援。要小心那些想强迫孩子适应其典型性别行为的治疗师。具体可参考附录"针对性别混乱行为儿童及其家庭的延伸项目"，从中你可以获得更多的参考与支援。

我们需向孩子传达的最重要的信息是，我们爱他们，爱他们本来的模样。有一次，在我的演讲结束之后，一对年老夫妻向我走来，祖父拿出了一张七八岁男孩的照片。"这是我们的问题，"他说，"他的兄弟都是男孩，可他不是。他喜欢玩娃娃，非常温柔，看起来只喜欢女

孩的东西。"我告诉他们,在这方面孩子不会自己主动选择与众不同,这位小男孩需要他们的接受与支持,需要得到他们的帮助以应对他在学校可能遇到的各种困难。我建议他们,多鼓励他参加一些没有特定性别特征的活动,比如游泳、空手道,男孩和女孩都能参与。这位祖父有点焦虑,祖母则安静地听着。我告诉他们,在某种程度上,这个小男孩可能需要一些咨询,以帮助他应对种种歧视或不理解,但是此刻他最需要的,是他们无条件地爱他。祖母有点儿得意地拍了拍祖父的胳膊,说:"看吧,这正是我一直跟你说的。"

孩子去别人家里玩

在孩子上幼儿园的时候,你可能会为他们安排好所有的游戏时间,也可能带着他们去别人家里玩。现在上小学了,他们会被邀请到或许连父母都不认识的同学家里去玩,甚至会被邀请在别人家里睡觉。实际上,这是在要求你允许孩子被你几乎不认识的成人照顾。

第一次发生这种事情时相当具有挑战性。作为父母,确保儿子格雷戈里和女儿艾丽莎的安全是我们的职责;我真的会允许艾丽莎去我不知道的某个地方吗?她可能会受到与我们家的价值观不同的价值观的影响吗?她可能被允许看那种我们禁止她看的电视和录像吗?那个家庭也像我们那样,把孩子的安全放在优先地位(把药和清洁用品高高地放在孩子们够不到的地方)吗?或者屋里有什么火器枪支吗?她有被性侵害的可能吗?记住,孩子们最可能被他们认识的人性侵害。

我建议在孩子成长为青少年期之前,父母在这个方面需要慎重。你可以不允许孩子到别人家玩,除非你知道那家父母已经同意了。这就意味着你不得不了解那些父母,他们的孩子正成为你孩子的朋友。你可以邀请他们全家来过"家庭游戏日",当你们熟悉起来以后,你的孩子就可以去玩了。如果孩子是第一次到另一个孩子家里过"游戏日",请与孩子一块儿去,花些时间了解那家的父母,坦率地谈谈你们家关于看电视和录像的规则,与对方父母在孩子怎样一起玩等方面达成一致意见,比如"我希望孩子们只在大人的督管下玩"等。

有关儿童性侵害的要点(小学低年级)

▷ 除了在医生的办公室,没有成人可以触摸儿童的性部位。

▷ 当一个年龄更大、更强壮或更有权力的人在没有合法理由的情况下看或者触摸儿童的生殖器时,性侵害就发生了。

▷ 对儿童实行性侵害的人可能会让儿童保守这个秘密。

▷ 如果有不喜欢或不舒服的触摸发生,立即告诉父母。

▷ 如果成人——甚至是家庭成员,以不合适或不舒服的方式摸了孩子,孩子是没有任何过错的。

▷ 大多数成人不会对儿童实施性侵害。

▷ 男孩和女孩都可能被性侵害。

一定要不断地向孩子强调一些防止性侵害的更新的观点。让孩子知道,如果他们在游戏时发生了什么觉得不舒服的事情,一定要告诉父母。在"游戏日"之前或之后,一定要花点时间去了解那个家庭的情况,让孩子告诉你他们做了什么,把孩子朋友的父母培养成你们的朋友,在孩子们单独相处(无大人督管)、户外游戏和看电视等事情的规则上,父母们达成一致。

"但是所有的孩子都看它"

今天的媒体——电视、电影甚至新闻——可能是孩子们最常接触的"性教育者"之一。杰西·约翰逊教士（Reverend Jesse Jackson）曾说过，现在电视是孩子的第三父母。电视和电影教孩子怎样做男人和女人，男人和女人怎样融洽相处，什么是相互吸引，甚至什么是"性感"等等。对于媒体向孩子传达的这类男女关系内容，我们大多数人并不看好：电视和电影常常会有色情的、暴力的、暴露的和品位不高的内容；很少有电视节目会塑造男人和女人之间真诚的、平等的关系；几乎没有节目会展现负责任的性行为。

电视剧常常含有数量惊人的性内容。事实上，根据2003年凯撒家庭基金会（The Kaiser Family Foundation）的一项调查，你会很惊讶地发现，在晚间时段的10个节目中，大约有7个节目包含性内容，平均每小时大约有6次提到性。在谈论或描述性交的节目中，只有1/4的会提到避孕或预防性传染疾病；而在4年前，大约只有1/6的节目会提供这样的信息。由兰德公司（Rand Corporation）实施的一项新研究表明，这些信息会影响青少年对安全性行为的认知，比如青少年能够回想起《老友记》中关于需要使用适当避孕措施的信息。

除了睡眠和上学外，6~9岁孩子每周看电视所花的时间，要超过他们玩、吃、做杂务、参加体育运动等活动的时间。美国儿童每周平均看24小时的电视。美国孩子到高中毕业的时候，他们在电视机前已经花费了18000个小时，相比之下，他们在教室里花费的时间只有13000个小时。作为电视时间的一部分，一个孩子一年要看20000个晃来晃去的广告。

几乎没有电视和电影是完全"安全"的，甚至被评为"好"节目（如"阖家观赏"节目，"family viewing"）也有与你的家庭性价值观不同的信息。1976年"家庭时段"节目中有43%的内容包含性信息，现在这一比例上升到了75%；1976年故事片中性画面的场景占9%，而现在这一比例达到30%。

甚至连儿童电影也不都是安全的。我记得在艾丽莎大约6岁的时候，我带她去看经典卡通片《彼得·潘》(*Peter Pan*)。我被温迪的无助、小叮当的魅惑和对美洲原住民的种族歧视给吓坏了。我已经不记得里面的具体任何内容了，而且我相信迪士尼提供的是有益于孩子身心健康的。但在电影放映过程中，我被震惊得几乎不能控制住自己，坐入汽车后，我尝试和她谈谈那些令我不安的场景。

想一想这些问题：哪些电视剧用的是与你价值观相同的方式演示成人性关系？哪些不是？哪些电视剧是用你希望的方式向孩子描述男孩、女孩、男人和女人的关系？哪些不是？还有哪些电视剧是你孩子正在看的？

令人吃惊的是，有相当多的孩子，特别是三年级到六年级的孩子表示，他们都会受电视剧内容的影响。在对女孩做的一项联合调查中，51%这个年龄组的女孩说，她们的谈吐像她们看过的电视节目中的某个角色，37%的表示她们像电视里的某个角色那样做事，25%的女孩模仿电视里的某个角色进行穿着和打扮，还有1/6的女孩表示她们像电视里的某个角色那样饮食或锻炼。

除了把电视从家里搬走，你还能怎么办？还真有一些孩子的家里没有电视。我想那是令人羡慕的，但是我看新闻太上瘾，所以没法这

　　如果你与孩子正在观看一个电视剧，有些内容超越了你的允许范围，你可以关掉电视机或调换频道，并向孩子说明原因，或利用广告时段与孩子交流，这是一个很好的可教时刻。

么做。而且说实话，有时候电视和录像（视频）是让我们大家放松的主要方式。对此，我提出如下建议：

限制孩子看电视的时间。这不仅与性议题有关，也有可能减少孩子遭遇暴力和侵犯的机会。它意味着家庭成员一起有更多的散步、骑自行车、玩拼字游戏和交流的时间。在你们家里，电视可能是一种"快餐"，你可以规定每天看电视的时间不得超过两个小时。你也可以列出一份"合适观看"的电视节目单，让孩子在没有大人陪同的情况下自己收看。

用自己的评判标准来决定哪些电视节目是适合孩子看的，不要相信那些分级系统。几年前，电视剧不得不开始实行分级制度，以 TV-G,TV-PG,TY-14 或者 TV-M 来进行区分。为了回应大众压力，它们也增加了更详细的评级：S 是关于性情景的，D 是关于性暗示的，L 是淫秽语言的，V 是暴力的。问题是这些评级不一定能反映你家庭的价值观。比如，我个人反对孩子观看暴力，甚至不赞同卡通片中假扮的暴力。早晨的卡通可能被评为安全级别，但我与孩子一起看时并没觉得怎么好。所以，你要先单独看看所有的节目，并且要在孩子单独看它们之前先做出决定。

不要相信"家庭观赏时间"的节目。所谓的"家庭观赏时间"节目，是指在每个工作日晚的 8～9 点播出，会出现许多带着极强的暗示和影射性的电视剧。即使这些电视剧可能符合你的价值观，电视剧后面的广告和促销也可能不符合。与孩子一起看电视，或者让他们观看可信任的、预先看过的录制节目前，也或许让你感到有些困难——晚上的家庭时间很宝贵，它是你在办公室工作一整天后做家务的最佳时间，或者是与孩子们呆一整天后你仅有的私人时间。据凯撒家庭基金会的调查结果显示，有 2/3 的父母表示他们最多只有一半时间与孩子一起看电视，而他们的孩子甚至说这种时间更少。

不要把电视放在孩子的房间里。在小学低年级的孩子中，竟然有相当多的父母在孩子房间放置电视。他们说，这是因为他们和孩子喜欢看的电视节目不同。遗憾的是，事实很可能是：孩子们喜欢看的那些节目，你可能不让他们看。他们关着门，手里拿一个遥控器，你绝不会知道他们到底看的是什么。我个人是不允许我的孩子看晚间电视节目的，除非有大人在房间里与孩子一起讨论节目中出现的话题。尽可能把电视放在你们可以进出的书房或客厅里，这样能知道孩子是否遵守与父母约定的看电视的规则。

自己做一些电视节目的研究。在让孩子观看某些电视节目之前，花时间看看这些节目，读一读报纸上的影评，特别是关于该电视节目是否适合孩子看的评论。我的朋友内尔·米诺（Nell Minow）就是这样一位"影妈"，她每周都会为剧院里播放的新电影和新视频、DVD撰写评论。她会根据是否适合孩子观看，来为电影评级，还会附上一些便于观影后讨论的好建议。

寻找可教时刻。你与孩子正在观看一个 8 点的电视剧，里边出现了一个不符合你价值观的情节，你可以把它作为一个可教时刻。如果内容超越了你的允许范围，你可以关掉电视机或调换频道，并且向孩子说明原因。这是一个很好的可教时刻，你可以利用广告时间段与孩子交流。

以下是如何进行这种交流的建议——

父母：我看到那个男人向他的妻子大声吼叫，真的是有些令人心烦意乱。你怎么想？

今天的媒体是孩子们最常接触的"性教育者"之一。尽可能把电视放在你们可以进出的书房或客厅里,不要把电视放在孩子的房间里,这样就能知道孩子是否遵守了与父母约定的看电视的规则。

或者——

父母：那个妇女为了达到自己的目的，在丈夫到家之前，她穿上了又小又紧的连衣裙。你还记得这段吗？她还可以有其他的做法吗？

媒体和杂志就如何利用电视向孩子传递家庭价值观，为父母们提供了一些建议。我把这些建议摘录如下：

◎ 与孩子一起评论这个节目（或这部电视剧）的好坏。一定要说出你喜欢哪些，不喜欢哪些，并反过来问问孩子们的见解。不要贬低孩子对电视剧的欣赏口味。请坚持这样做。

◎ 进行这样的讨论一定要注意选择时机。比如，你女儿的睡衣晚会或许不是你分析电视剧性场景的合适时机，如果她的朋友或亲戚也在场将会很尴尬。不是每部电视剧都有讨论性问题的合适机会。

◎ 保持讨论的随意性和趣味性。利用广告间隙快速进行讨论，不要在节目播出时进行说教。

◎ 如果孩子不想与你讨论，你也不要担心，其实他们仍在注意着你的反应和见解。

◎ 有时候若有所思地大声说点什么，比你直接问孩子问题更有效，比如"哇！我真不敢相信这一对儿在第一次约会时就上床！"

你也可以采用这些方法，与孩子讨论行为及其后果："他们这么做之后，会发生什么呢？他们当时还可以做出其他的选择吗？接下来可能会发生什么呢？"用电视剧里的情节，如"斯蒂芬尼忘记带她的家庭作业了，她向老师撒谎，说她作业丢了。她还可以有别的做法吗？"帮助孩子懂得，人们需要考虑他们的行为后果。

我们家制定了一套挺管用的看电视的规则。首先，在上午9点到下午5点之间不能看电视。这样，格雷戈里可以在早上看一期美国公共广播公司（Public Broadcasting Service）的节目，艾丽莎可以在晚饭前看一场表演。这也意味着，那些无聊的肥皂剧和日间谈话剧进不到家里来。其次，我们每天晚上与孩子一起看电视，艾丽莎知道，如果他们对性话题（或者由此引起的道德话题）有些什么疑问，我们会一起谈论它。随着年龄的增长，我们减少了她想看的电视节目的数量。不知为什么，我们都觉得讨论广告上的暗示和性别歧视，比看某些风格独特的电视剧更有趣！第三，某种电视剧是不许看的。在艾丽莎13岁之前，我们是不允许看MTV或VH1（热门录像带第一台）的，也不允许格雷戈里看像《忍者神龟》或《超能战士》这类的有暴力色彩的英雄卡通片。实际上，我们经常选择到五分钱电影院（Nickelodeon）里重温60年代的情景喜剧。我觉得谈论20世纪60年代以来男人和女人的角色变化更有意义。为什么露茜、劳拉·皮特里、萨曼瑟·斯蒂文斯等女人们从来不用去上班？

你也应该知道，即使你尽量做到万无一失，孩子也会看一些你不希望他们看到的节目。或许他们在朋友家里看，或许保姆忘了你家的规则。当他们待在亲戚家时，没准儿他们正在到处找那些被禁看的节目。格雷戈里不止一次地告诉我，他在朋友家看了超级英雄片。这种偶然的观看不会对孩子有什么影响，如果你发现了，这反而可能成为你强调家庭价值观的良好机会。有时候，不仅只有娱乐片才会播放有关性的内容，最近，甚至一些孩子可以单独看的节目也不安全了。

谈论电视、广告和电影的契机

▷咦，那个女孩看起来真是瘦得皮包骨头。你认为那有吸引力吗？

▷我讨厌那个广告，好像只要用那个洗发水，男孩就会喜欢你。

▷我喜欢那对情侣讨论他们是否应该发生性行为，而不仅仅是去做这件事。

▷电视上有那么多单亲家庭，真让人吃惊！

▷在这些角色中，你喜欢哪一个做你的朋友？

▷在这些成人角色中，你喜欢哪一个做你的父母？

▷你喜欢的哪个节目展现了你喜欢的女人或女孩？

▷你喜欢的哪个节目展现了你想象中的男人或男孩？

有关媒体的重要提示（5~8岁儿童）

▷在电视、电影、书籍和收音机中，有些内容是真实的，有些不是。

▷一些媒体创造出来的人和事与真实情况并不同，它们往往比真实情况要好很多。

▷有些节目不适合像你这样年龄的儿童看。

新　闻

新闻节目如此频繁地报道性问题，真是令人难以置信。1999年，我们曾有过全民可教时刻：时任美国总统的克林顿面临弹劾，被指控与一名实习女性有性关系。这条新闻刊登在各家报纸的头版，并且是持续了近一年的新闻焦点。

以性为主题的新闻故事进入家庭或孩子的意识，并不是什么新鲜事儿。最近几年有不少的新闻故事，包括军队中的同性恋、办公室里的性骚扰、有关艾滋病的新发现等。事实上，每天你家孩子都会看到各种印刷品，里面都有与性有关的故事。我记得艾丽莎上小学一年级的时候，她放学回来问我："妈妈，迈克·约翰逊（Magic Johnson）是谁？为什么大家都在谈论他？"（美国著名田径运动健将迈克·约翰逊向公众坦白他患有艾滋病。）她的一位二年级的朋友那时也着迷于美国玻利·克拉斯（Polly Klaas）凶杀案的后续故事。有些事情一直等到我发现她知道了，才开始在我们家讨论。如果事件被新闻报道了，你的孩子就有可能听别人谈起过。

甚至连较小的孩子都能理解他们周围发生的事情。1999年，我们全家正开车长途旅行，我们玩"猜问题"游戏打发时间。我们决定猜当时新闻热点中的一位女性。4岁的格雷戈里大声问："她是莫尼卡·莱温斯基（Monica Lewinsky）吗？"我们都目瞪口呆。我转头问："谁是莫尼卡·莱温斯基？"他回答："她不是那个十几岁的花样滑冰运动员吗？""不，"我回答，强忍着没笑，"那是特拉·利宾斯基（Tara Lipinski）。"不知他是怎么从偶尔听到的新闻或成人谈话中记住这一点的。

这些新闻故事提供了特别的可教时刻。如果这故事有足够的影响力，像克林顿总统那样的，我不认为你可以漠视，你需要与孩子一起谈论。我的一位同事曾惴惴不安地给我打电话，说他 6 岁女儿在家门口以这样的问候迎接他，"爸爸，你知道比尔·克林顿在约会吗？"这时他 9 岁的孩子突然冒出一句："我听说他喜欢别人亲吻他的私处。"

在这点上，你知道漠视问题不会对孩子有帮助。这样只会给孩子提供从别处获得或对或错信息的机会，而且会让他们以为：父母在家里不谈论性问题。你会怎样与孩子开始呢？

首先，你要问自己的第一件事是"在这个问题上，我想传达什么信息？"。如果这个故事是有关同性恋婚姻的，那么这可能是一个与孩子分享同性恋议题、基于性取向衍生的就业或住房歧视问题，以及对这些问题看法的机会。如果这个故事是有关婚外恋的，那么这是你与他们传递忠诚价值观的一次机会。和准青春期的孩子在一起，这是个与他们聊聊你对他们行为希望和期待的机会，"现在你们的性感觉可能非常强烈，但是你可以在不采取行动的情况下产生性感觉，特别当它会对你和你的伴侣造成伤害性后果的时候。"

接下来，你问自己，"什么时候是提出这个问题的最佳时间？"把"今天新闻中关于艾滋病的新治疗方法"作为饭桌上的讨论内容，你会觉得自在吗？或者你更愿意在孩子放学后或睡觉前把它当作一次私下的讨论，"亲爱的，你今天在学校里有没有听说一位妇女生了 7 个宝宝的事情？"

通过询问，与孩子们开始交谈，"你听到什么事情了吗？"然后问，"你怎么看待这件事情的呢？"给孩子时间，让他们说出已经知道的事情，你要确保纠正任何错误的信息。然后就这个问题，你与他们一起分享你的价值观。

孩子不只是从新闻或电视节目中听到与你价值观不同的观点，有时候也会通过学校。

积极参与孩子的学校生活

当孩子入学后，父母的挑战之一就是与学校建立合作伙伴关系。父母参与学校事务至关重要，父母还可以通过多种方式支持孩子，帮助他们在学校取得成功。在学校表现不错的孩子，他们的父母通常会：

◎ 与孩子交流学校里发生的事情。

◎ 对孩子的成功有高期望。

◎ 与孩子保持紧密的关系。

◎ 继续参与孩子们的生活。

◎ 相信孩子。

◎ 积极参加学校的活动，比如一定会出席家长会、做野营活动的志愿者、要求观摩教室活动等。

这些与性问题有什么关系呢？

孩子在小学低年级建立起自尊，为未来在童年晚期乃至成年期拥有良好自尊打下了至关重要的基础。自我感觉良好的儿童更有可能成功与幸福。他们不太可能因同伴的压力而有所改变，也不太可能从事某些危险行为，比如酗酒和无保护措施的性交。具有较高自尊的成人在人生中往往能做出更合适的决定，包括爱情、浪漫和性等。在帮助你培养孩子建立自尊方面，学校发挥了重要的作用。

我认为所有学校都应该鼓励孩子们发展自尊，但事实并不总是这样。女儿艾丽莎入学后，学校举办的第一次科技展览会就把我们搞得心神不宁。学校让孩子们做一个参加科技展览会的设计方案，现在回想起来，至多也不过是课外作业。艾丽莎做了一个很棒的关于我们家"新生小猫"的设计方案：这些小猫正好出生在方案设计开始的时候，艾丽莎每周为每个小猫做测量，以掌握和比较它们的成长。这个方案叫《我家有了新小猫》，其中包括她用一次成像相机为它们拍的照片。科技展览会的那个晚上，艾丽莎骄傲地带着我们到体育馆去看她和她同班同学的设计方案，当她看见三个同班同学都戴着"胜利"的头带，而她却没有时，她的自尊一下子就被粉碎了。她啜泣着离开那里："为什么我的方案不够好？"

我们感到异常愤怒。学校评估孩子的科技展览会设计方案，并判断一些儿童比其他儿童做得好，这种做法我们从来没有经历过。第二天早上，我打电话给校长，他反而愤怒地反问道："你们为她取胜，直接提供了什么帮助吗？"我回答："我们没有。我们甚至不知道那是一场竞赛！"我努力和他交谈，这对艾丽莎的自尊是多么大的伤害。当然，所有学校希望做的是让孩子们为自己感到骄傲，因为他们能完成科技展览会的一项方案。最后的结果是，我不得不带着我的担忧到市立学校的科学部主任那儿。科学部主任的反馈是，事实上，我们的城市现在根本不对任何四年级以下的孩子进行科技展览会的方案评估！

与你们分享这个故事的目的是希望大家知道，你们是孩子在学校的最重要的拥护者。你要确定地让学校和老师们承诺——帮助孩子发展自信心和能力。孩子在学校的这几年，你都要参与他们的生活。

孩子在小学期间，父母可能多次发现学校传递的价值观与你自己的观念不同。这不仅发生在卫生课上,也可能发生在科学、阅读和社会科学课上。比如,如果学校要求孩子读一本你不喜欢的书,怎么办?或者,当父母告诉孩子印第安人的正确术语是"美洲原住民"、哥伦布并不是"发现"了美国,而学校却把哥伦布描绘成了一个英雄,并对印第安人有不同的看法,又该怎么办?有时候,你只需要让孩子知道,自己家庭的价值观与学校的不同就可以了,而有时候你确实想干预。

从与孩子学校打交道的过程中,我得到的经验是,你必须先精心选择合适的时间,再与学校交流,否则你会以"每周都去校长办公室的那位爱管闲事的家长"而闻名,换句话说,你务必让学校知道你和他们是伙伴关系,为了你的孩子,你也会支持他们。

我不断强调的一个问题是,学校课程是怎样描绘女人的。甚至在今天,历史、文学、科学和社会科学的课程里往往还是看不到女人,她们被忽略了。比如,我的女儿艾丽莎在四年级的时候,她所在的班级正在学习先驱者,每个孩子都跟着一个家庭去横跨诸州。艾丽莎回到家里,担心地问:"妈妈,我的家庭是约翰·史密斯,还有他的妻子和儿子鲍比。他的妻子怎么会没有个名字?"首先,我建议她问老师,下一节课开始时他们能否查出这位妇女的名字。然后,我打电话给这位老师,课堂怎样看待这位女先驱者的贡献。令我吃惊的是,这位老师说在这之前,她从未真正考虑过这个问题。我请她务必介绍下有关女侠简恩和安尼·欧伯莱(译者注:美国女神枪手、传奇式人物)的故事,并且确保每节课都能把男先驱者和女先驱者的贡献都纳入讨论中。我们需要让男孩和女孩在小学阶段,就对那些在历史上重要的杰出男性和女性,都有所了解;要让他们知道男人和女人都能对社会做

出贡献，而且他们长大后也能做出重大的贡献。

学校操场和校车也是让孩子了解性话题的"沃土"。

"你有艾滋病"

几年前，我接到一位一年级老师的电话，她说课间休息时，她的学生在玩"你有艾滋病"的游戏，她很担心，不知道该怎么办。

想一想今天的儿童和十几岁的青少年，他们生活在一个充满艾滋病威胁的世界中。1981年诊断出第一个艾滋病例，1985年发现引起艾滋病的人体免疫缺损病毒（HIV），如今HIV和AIDS已成为青年人生存环境中的一部分。同样，脓毒性咽喉炎和扁桃体切除术曾经也是我们童年时代的一部分。

小学阶段的孩子经常在新闻、电视上，也或许在公共汽车和操场上听到有关艾滋病的情况，他们需要了解一些最基本的信息。

首先，这是一个机会，可以教他们一些基本的卫生和健康习惯。就像日常感冒是由一种病毒引起的一样，艾滋病也是由人类HIV引起的。吃东西前洗手，从操场回来后洗手，打喷嚏时用手捂住鼻子，不要揉眼睛，都是减少感冒的好办法。不要让别人的血液进入你的身体，可以使你安全预防HIV。应该告诉孩子们，决不能触摸其他任何人的血液，甚至帮助一位流鼻血的朋友或成为"歃血为盟的兄弟"时也要如此。他们应当知道，如果在学校运动场、操场或大街上偶然遇到针头，或者一位朋友割破了手，他们应该找成人帮忙。

其次，让孩子们知道，不必担心自己因为身处艾滋病人的周围而会得艾滋病，这一点也很重要。遗憾的是，现在仍然有许多关于艾滋病毒及其传播的谬论。传播艾滋病毒的途径只能是通过共用的针头、无保护的性交和血液制品，以及怀孕的妇女将病毒传给胎儿，或者在母乳喂养期间传染给孩子。而蚊子、看牙医和食品不会传播艾滋病。

父母和孩子都应该知道，没有理由害怕他们教室里的一个染上艾滋病的孩子。学校里已经发生了一些歧视案例，这通常由于人们的过分担忧引起。事实上，对于教室里患有艾滋病毒的孩子，学校有严格的处理措施，以应对可能性突发情况，包括怎样处理血液溢出。孩子们不会因为与携带艾滋病毒的孩子一起玩儿、分享食品、与他们坐在一起或与他们谈话就会轻易地染上艾滋病。

这也是一个可教时刻，你可以利用这个机会与孩子谈谈"同情"的话题。这个年龄的孩子应该懂得，艾滋病会发生在任何有不安全行为的人身上，而那些携带艾滋病毒的人应该得到我们的支持与帮助。如果你认识HIV呈阳性的人，你的孩子会因了解他们而知道不应该害怕他们。

"哦，S@#S！"

上小学的孩子在操场上学到的其他不合适的行为之一，便是"脏话"。非常有可能在某一天，你突然发现，你五六岁的孩子会用"S"、"D"，甚至"F"开头的词。（注：这些都是美国英语中骂人的脏话，如：Shit，浑蛋！Damn，他妈的！Fuck×，×你妈！）

在你暴怒（或大笑）之前，先想一想孩子们为什么会使用这些词。他们可能是试图引起你的注意，可能是想通过这些新学来的大人的词让你震惊，也可能只是天真无邪地重复他们听到的你用过的词！

可能在某一天,你突然发现,你五六岁的孩子会说脏话了。在你暴怒(或大笑)之前,先想一想孩子为什么会使用这些词。是试图引起你的注意?还是通过这些新学来的词来让你震惊?也可能只是天真无邪地重复他们听到的你用过的词。

下一步，考虑一下你希望他们知道的有关脏话的要点，也想想你和伴侣在家里是否也使用这些词。

我不得不承认，当年我上大学时，经常被"F"词打断，当我的孩子也使用这些词时，我还不至于过于气愤。但重要的是，要让他们知道，如果他们使用这些脏话，别人心里会很烦，尤其是成年人。

当孩子说脏话时，父母做出的反应通常与孩子是否会继续使用有很大关系。如果你笑，他们会认为这些话是好玩的，并继续使用这些词；如果你尖叫或处罚他们，就可能促使他们在家庭之外出现这种行为。你不在孩子旁边，自然不能杜绝它的发生。你也可能不经意间让这些词有更大的作用，也就是说，这些词的使用，会变成你和孩子权力斗争的一部分。

在我们家，我们告诉孩子，某些词会引起非常强烈的反应，而且不"礼貌"（我们把"闭嘴"和"真讨厌"也包括在那份列表中）。我请他们不要使用这些词，并承诺我们自己也不使用。据说，有的父母为了改掉自己的这个坏习惯，每在孩子面前说一次，就罚自己1美元。

父母也可以将此作为一个机会，与孩子谈谈他们的感情。如果你的孩子生气或发怒时使用脏话，试着说出这种感情："你把牛奶洒在地上，现在你不得不回去把它擦干净，你一定非常生气。当你发怒时，如果不说脏话，你还可以用什么词？"

顺便说一下，把讨论脏话作为可教时刻可能不太管用。我曾经试着做过，但是不怎么有成效。有一天，8岁的女儿艾丽莎和我到公园散步，我们在沙滩上坐下来，看到有人写了"操……"。艾丽莎说："哦，妈妈，看那个字。"我想，"这是一个可教时刻！"于是我回答："用这个丑陋的词来表示成人间彼此相爱，不是很遗憾吗？"她厌恶地看着我,说:"妈妈,你总是得当一个性教育者的角色吗?"然后她走到秋千那边玩去了。看,就连我也不总是做得都对。我很郑重地建议,不要用这些机会谈论排便、诅咒和性交等话题——找些别的机会吧。

孩子在听到这类语言时,或许会问一些性行为问题。比如5岁的希拉问他母亲,"妈妈,什么是口交?"6岁的大卫问他父亲,"爸爸,你和妈妈操××吗?"这类语言从你五六岁的天真无邪的孩子嘴里说出时,似乎相当令人震惊。

请记住,孩子最有可能重复一些东西,比如那些他们在操场或校车上从大点儿孩子那儿听来的话语。你最好的反应是平静地问他们:"你从哪儿听来的这些?"接着问:"你认为那意味着什么?"然后给出一个简短的能让他们满意的回答。你或许会要求他们不再使用那种语言,可以这样说——

这并不是一个很好的描述成年人做爱的词汇,大多数成人都不喜欢。我希望你不要再用它了。

"布兰妮综合征"

我每年都去格雷戈里的小学参加万圣节游行。每个班中都会有警官、带着恐怖面具的食人怪,还有一些孩子穿着扎染的服装,打扮成了20世纪60年代的嬉皮士,正如我当年在万圣节穿着蓬蓬裙一样。在从幼儿园到五年级的每个班级里,都会有女生穿着闪亮的露脐上衣和低腰的紧身裤,裸露着腹部,有的还会穿一双长筒靴。当我问她在扮演谁的时候,她会回答说:"小甜甜布兰妮·斯皮尔斯"。

现在,这种事情已经不足为奇了。我所谓的"布兰妮综合征"已经出现好几年了,尽管现在布兰妮本人正在努力吸引成年观众。布兰妮·斯皮尔斯一路走来,从包装宣传她的童贞开始,她演唱了诸如"宝贝,再来一次"之类的歌曲,到在全国性电视节目上与麦当娜热情激吻,再到近乎全裸地出现在《时尚先生》(*Esquire*)杂志上。

尽管如此,布兰妮(以及琳赛·洛涵与碧昂丝·诺里斯)在青春少女群体中,仍然有很大的吸引力,很多女孩会竞相模仿她暴露的着装与高调的言谈举止。流行巨星并不是唯一向6~8岁孩子出售性感的人群。近年来,最为轰动的娃娃要属贝兹娃娃(Bratz doll)了。一则网站广告这样描述她们:"贝兹娃娃一应俱全:外形、轿车、妆容与最新款的服饰。凹凸有致的贝兹娃娃与游戏,为女孩提供了一个新世界,这个世界里有时髦的化妆美容、没完没了的购物和大量的改换风格的时间。"这些娃娃穿着露脐上衣,裸露着腹部,搭配着紧身裤和高跟凉鞋。事实上,根据露丝·拉·弗拉(Ruth La Ferla)在《纽约时报》中的描述,其整体造型"好似那种在街角随处可见的招揽生意的妓女。"尽管贝兹娃娃的网站上说,贝兹娃娃专门针对8~12岁的用户群体,但格雷戈里对我说,这些娃娃在一至三年级的女生中最受欢迎。芭比娃娃历经40多年,都代表着时尚形象,如今在3~5岁的女孩中最受欢迎。

我每次到小学做演讲,几乎都有父母问我,他们的女儿想穿低腰牛仔裤与暴露的露脐上衣,该怎么办?父母通常对女儿购买或穿这样的衣服,感到很不舒服,有时候也感觉相当不好。在一次谈话中,一位母亲对8岁女儿说了这样一句话,"我不想压抑她的时尚感"。

买衣服可以成为另一个可教时刻。问问你的女儿,她想通过穿衣打扮,向她生活中的朋友和成人传达哪些信息。需要向她说明,成年人看到穿着露脐上衣和紧身裤的年轻女孩，会认为她是穿着"性感的衣服"。

是的，你可以使用"性感"这个词。在你家中谈论性感，并不罕见。而与孩子沟通，我们谈论着性感，这个讨论本身意味着什么却非常重要。要向孩子强调，对于不同的人，性感有着不同的含义。首先，要了解孩子认为的性感意味着什么。你可能惊异于他们的答案。一个朋友告诉我，她的孩子说"性感就是一起脱下你们的衣服！"，另一个孩子说"你们造宝宝时不是很性感吗？"

像往常一样，父母要尽量纠正孩子们获得的错误信息，然后说出你们的价值观。你可以告诉他们："性感是成人描述他们认为的某人很有吸引力的一种方式。我认为爸爸穿着牛仔裤和黑衬衫时很性感。我不喜欢你这样描述自己，因为性感是描述成年人的。"

然后看看这场谈话会有怎样的进展。

你可以为孩子的着装设定界限。当商店充斥着这样的时尚时，也许你很难为女儿找到合适的游戏玩具与衣服。如果你找不到你要寻找的东西，可以从 Land's End 或 L.L. Bean 这样的地方获取商品目录，然后让你的女儿在这些商品目录中，自由选择她们想要的任何东西。如果你觉得女儿可以有一套"布兰妮式"的服装，那么也要让她知道，她不能穿着这样的服装到学校、教堂、犹太会堂或亲戚家。

对于哪种娃娃适合你的孩子玩，你也可以设定界限。美国女孩的娃娃们（American Girl dolls）会为青少年提供机会，从中可以了解美国的民族历史与女性角色发挥的作用。用一位写信给《纽约时报》的十岁女孩的话说："贝兹娃娃有时会留下一种不好的印象。当女孩们长大一些以后，有些人可能会穿着和这些娃娃一样的衣服。我爸爸说，这些娃娃的生产商太过关注娃娃的外形了。她们唯一的品味似乎只有购物与时尚，而没有阅读、写作与思考……我的观点是：你的外形如何并不重要，重要的是你的内心与思想。"

娃娃与服饰也是向小学孩子快速传递身体形象信息的良好切入点。我们有关"瘦"与"美"的偏好信息，很早就传达到了孩子那里，为她们将来不合适的行为奠定了基础。告诉孩子这样一个事实，那就是：芭比、布兰妮与贝兹都是不切实际的女性身体形象。这一信息对于男孩来说，也同样重要。确保孩子有健康营养的饮食，确保她们不会过度地关注体形。在一项对小学儿童的调查研究中，40%以上的四年级女孩说她们一直在节食。

小学孩子需要知道，人体的高矮、胖瘦和肤色都会不同，所有的身体都是特殊的，男性和女性的身体也是同等特别的。需要鼓励他们好好吃饭，做好锻炼。幸运的是，今天的孩子比父母年轻时要更早地参与各种体育活动。在我们居住的城镇上，5岁孩子踢足球或练空手道并不少见。虽然我个人反对强制儿童团队运动，但是应该让每个孩子对自己的身体感觉良好，对从事各种活动有较好的胜任感，这为他们成年后的身体和心理健康（包括性健康）将打下非常重要的基础。每个孩子都应该为自己身体的特殊禀赋而感到骄傲，无论高矮与胖瘦，也不论肤色与体质。

Special Issue
特别话题

离婚问题

对儿童避而不谈父母离婚是不现实的。在美国，每年有100多万儿童正经历父母离婚的痛苦。帮助孩子应对离婚的影响，超出了本书的范围，但这确实是一个不可忽视的问题。

黛安·芭比利亚（Diane Papilia）和赛莉·文德考斯（Sally Wendkos Olds）提出了一套处理离婚及与孩子沟通离婚问题的方法。

她们建议：

◎ 把父母离婚的事情同时告诉家庭里所有的孩子。

◎ 让孩子们懂得，不是他们引起父母的离婚，他们也不能改变父母对此的决定。

◎ 要详细向孩子解释监护的安排，一再解释。

◎ 让孩子知道，父母都爱他们。

◎ 鼓励孩子表达他们对离婚的感受——说出他们对父母和其他成人的看法。

◎ 父母决不能把孩子夹杂在他们的争执中。

◎ 要使孩子们的生活变化尽可能地小。

◎ 可以提供有效的咨询辅导。

儿童的性发展可能会受到父母离婚的影响。父母离异的女孩可能会更早地开始约会和发生性关系。相对而言，父母离异的男孩在十几岁开始性关系的要少一些。有近 2/3 的他们表示，自己将来离婚的可能性很大。女孩们也特别担心她们将来在婚姻中不能与对方白头到老。

奥尔兹（Olds）建议，"父母们必须认识到，在自己的需要和孩子的需要之间，有真正的冲突"。这是由离婚引起的性问题的核心，即既要实现成人亲密关系的需要，又要把孩子的需要放在首位。

父母约会

可能你已经是单亲爸爸或妈妈，或者可能最近才刚刚离婚。先不考虑自己的情况，你正在读小学的孩子是不可能对你的约会感到快乐的。

记得《父母陷阱》(*The Parent Trap*) 这部影片吗？在哈雷·密尔斯（Hayley Mills）的原版和最近重制的影片中，双生子都在秘密筹划，希望他们的离婚父母能重新走到一起。离婚家庭的孩子会常常幻想父母们能重新回到一起。对所有这个年龄的孩子来说，让他们第一次接受父母与另一个伴侣在情感和身体上的亲密接触，都是很困难的。在我 33 岁时，我妈妈再婚了，在婚礼前我突然冒出这么个念头，"哦，我妈妈和爸爸是真的不会再回到一起了。"当时我对自己冒出这一想法感到有些吃惊，事后又觉得有些搞笑。他们可是已经离婚 12 年了啊！

你需要仔细考虑怎样安排你的约会才合适。如果你离婚了，但与前夫/前妻还是孩子的共同监护人，你可能需要把约会之夜安排在与孩子和前夫/前妻共处的那个晚上。告诉孩子：你要开始与新的异性

约会并交往了，但对你来说，与孩子在一起的时间仍是最重要的。

我认为，对孩子来说，在你的约会中认识你的约会对象，孩子会感到有些茫然不知所措；在他们醒来后，发现有陌生人在父母的卧室里，或穿着睡袍在厨房里，也是极其不合适的。如果你们不希望几年后在孩子开始约会时，你自己也遇到这种尴尬情况的话，现在更要多加注意！

我个人比较喜欢的做法是：只有当你开始认真对待你与某人的感情时，才是你把新伴侣介绍给孩子的恰当时候，也许可以从公共场合偶然的、短暂的相遇开始。向孩子介绍对你意义重大的新伴侣，需要慢慢地来。

我的一些朋友不同意这种建议，他们希望孩子认识他们正在约会的人，即使彼此不是能确定下来的关系。他们说，孩子会从他们约会不同的伴侣中了解约会关系，并且认为，让孩子理解父母也需要伴侣和友谊，对孩子也是健康的。他们不喜欢对孩子保守秘密。

不论你在约会上采取什么态度或想法，请一定记住：你的约会行为正在为你孩子将来的约会树立榜样。

如果你的孩子正在家，而你和新伴侣想要发生性关系，一定要格外注意。如果孩子就在你身边，而你希望和伴侣一起睡在家里，你一定要事先与孩子说一下，不要等着孩子发现你们这样！要确保你说出的、你做到的与你希望孩子接受的行为相一致。例如——

父亲：我和苏茵已经交往了6个月，我们都很爱对方。当成人彼此相爱时，他们会想时时刻刻待在一起，想要私人时间去表达对彼此的关心。我正在考虑让苏茵在我的房间里过夜，你对这件事是怎么想的呢？

你怎么与孩子们进行这种简单的交流呢？应该让孩子了解：(1)性与爱是连在一起的；(2)性是成人的行为；(3)你在意孩子们的感情和感受。认真思考你希望传递给孩子的、关系到他们今后约会的内容，你自己也要做到言行一致。

当孩子不是以"妈妈和爸爸彼此相爱"的方式怀上时

对于越来越多的夫妻来说，诚实回答"我是从哪里来的？"这个问题，如今要复杂得多。在美国，每年有12万多名孩子被收养，有100万多名孩子与收养父母生活在一起；有超过50万名孩子通过人工授精出生；仅在2000年，就有约3500名婴儿出生，他们源自受捐赠的卵子；也有越来越多的同性恋夫妇领养孩子，或通过辅助生育技术有了自己的孩子。每年通过辅助生育技术出生的婴儿数量，自1996年以来，增长了73%！实际上，利用今天的新技术，贡献一个孩子生命的人数实际上有5人之多：抚育孩子的父亲和母亲，捐献卵子的妇女，捐献精子的男子和代孕妈妈（从胚胎到足月胎儿）。"当妈妈和爸爸彼此相爱，一个孩子就开始诞生了"，这个答案已经不能把各种情况囊括在内。

据国家收养委员会（National Council for Adoption）介绍，大部分专家认为，当被收养的孩子问"宝宝是从哪里来的？"时，就应该开始告诉他们是被收养的。有些父母的做法是，从把孩子带回家开始，就与孩子交流收养问题，他们把收养作为日常交流的一部分，而不再把此事看作是需要小心保守的家庭秘密。其他收养父母认为，3～5岁的年龄是第一次向孩子透露这个信息的最佳时间，他们等待孩子主动问出这个令人有些担忧的问题。一些专家建议，父母们需要等到孩子5岁，他们认为孩子的心智需要达到一定的成熟程度，才可能较好地接受并理解这类信息。

你和孩子可以参加一个父母团体，在那里你们会遇到其他收养孩子的家庭，这对你们会有所帮助。它让孩子知道，收养是普遍的、正常的，也方便收养家庭的父母们相互交流养育过程中遇到的种种特殊挑战。

学龄前孩子和小学低年级儿童并不理解不孕不育和收养的细节内容，但是你可以帮助他们了解。用心理学家安妮·伯恩斯坦的话说，这是一个"你怎样来到我们家的特别故事"。你可以告诉他，"你还有一个妈妈，她生下了你；而我们是你真正的父母，我们会永远爱你，把你好好抚养长大"。我喜欢这样的解释。

在回答学龄前儿童提出"我是从哪里来的？"这个问题时，可以借用《如何养育领养儿童》这本书中的回答——

你在另一个妈妈的子宫里长大，她不能照顾你。我们非常想要一个宝宝，所以把你带回了家。我们非常爱你。

大多数学龄前和小学低年级儿童对这样的回答会感到满意。收养领域的专家认为，儿童要到很久以后才能完全理解收养的概念，可能要到青春期中期才能把自己与这一概念完全联系起来。因此，与孩子谈收养问题将是一个持续的过程。对此，一些书和视频可能有所帮助，具体请见本书附录。

读小学的孩子可能会问这样一个问题："为什么生我的那位妈妈不要我了？"而且还会错误地认为，那是因为自己做错了什么事情。如果他们说"那是我的过错，所以我被收养了"，你需要好好地安慰他们，这点很重要。如果你知道生母放弃他们的原因,要尽量诚实地说出——

你的生母当时非常年轻(贫穷、疾病缠身),她想让你过上比她能给予你的更好的生活。虽然她非常关心你,但是在你出生之前,她就知道对你而言,自己不会是个好母亲。

比尔·皮尔斯(Bill Pierce)是美国国家收养委员会(The National Council on Adoption)的主席,曾建议父母们不要告诉孩子,因为"你妈妈很爱你"所以才安排你被人收养。这可能带来的一个问题是,孩子可能会担心,一旦你们家庭也开始生计困难,你也会把他们送给别人收养,同时你也不可能知道孩子亲生父母的真正感觉。你可以像这样说——

虽然我不认识你的亲生父母,但是我知道他们关心你的幸福与快乐,也希望你能遇到像我们这样关心你、爱护你的父母。

许多被收养的儿童在得知他们被收养的事实后,对母亲说"我真希望我能在你的子宫里长大",以表达他们对这类亲密关系的需要。重要的是,要表达你理解这种希望如此亲密一体的感觉。你可以这样说——

我理解你这样的感受,我也非常希望你和我曾经亲密为一体,你在我的子宫里慢慢长大。但是我的身体不能怀宝宝,我现在非常幸运,因为有了你。你想听你被收养那天的故事吗?

与你收养的孩子更多地谈谈他们的"特别故事"。你可能需要联系一些领养资源机构,具体信息请见本书附录。

那些通过人工受精而怀上的孩子会存在一些其他的议题。一些专家认为，像大多试管婴儿那样，如果其父母双方都仅仅捐献了精子和卵子，那就不必告诉孩子胚胎孕育的细节。但还是有父母希望与孩子分享那些孕育他们的独一无二的细节。究竟分享与否，你自己决定吧。

如果孩子的基因有一方是通过捐献的精子或卵子得到的，这样的父母面临的问题要复杂得多。在大部分案例中，父母都不知道对方的身份。（但是他们可能知道捐献者的健康史，至少需要让孩子了解相关医疗健康信息，比如一些受遗传基因影响的疾病护理注意事项等。）

目前，对于是否要告诉孩子，妈妈或爸爸是通过别人捐献的精子或卵子而孕育了他，专家们还存在一些争论。说到底，这不像收养那样，母亲经历了从怀胎到足月分娩的全过程。一些专家认为，当精子的来源不是自己的父亲时，孩子需要了解一些相关的健康史信息，以便他们将来更好地照料自己，这点至关重要。一些专家认为，如果孩子在将来才意外地发现了这个家庭秘密，这种震惊可能会让父母和孩子极为悲痛。而其他专家则认为，这是一种非常个人的决定，每个家庭都应该自己决定它的方式。出于保护家庭隐私的需要，也有父母担心会有社会的责难或批判，毕竟一个 4 岁孩子可能不分青红皂白地就与别人分享了这个信息。

这是一个高度个人化的家庭决定，你应该与伴侣及信得过的咨询师讨论之后再做决定。

有的女性不愿结婚但却希望有小孩，这类自愿单身的妈妈，或女同性恋夫妇，或是领养了孩子的男同性恋父亲，在回答孩子"我从哪里来？"时，还会遇到其他的一些问题。在孩子上小学之前，他们可能以为他们的家庭是非常普遍的：所有的孩子都有两个妈妈，或两个爸爸，或是家里没有妈妈或爸爸。当他们开始与其他核心家庭中的孩子打交道时，才开始对自己的情况产生疑问。有同性家长的孩子，到三四岁时很可能会问"我有爸爸（或妈妈）吗？"这个问题。

心理学家切丽·皮斯（Cherie Pies）建议，女同性恋母亲应该思考一些关于孩子父亲的各种问题。我改编了其中的一些，以便同样适用于那些男同性恋父亲。

◎ 你打算什么时候、以怎样的方式告诉孩子有关他们生父/生母的事情？

◎ 你会怎样回答"我的妈妈（爸爸）是谁？"这一问题？

◎ 你会怎样回答"我为什么没有妈妈（爸爸）？"这个问题？

如果你的孩子是领养的，或是通过人工授精怀上的，答案会有所不同。如果你知道怀着孩子的女人是谁，或知道孩子的父亲是谁，情况也会有所不同。只要你愿意，你也可以像女同性恋使用精子库那样，永远不知道孩子的父亲是谁。在人工授精的情况下，你可以说："我/我们特别想要个宝贝，所以我请本叔叔来帮忙。他提供的精子与我的卵子相结合，进而在我的体内诞生了你。"在使用匿名捐赠的精子的情况下，你可以这样说："我/我们特别想要个宝贝，我们去了精子库，得到了孕育你的那颗精子。关于那位提供了精子的男人若你有兴趣的话，来听听我知道些什么吧。"

我们能为学龄前或小学阶段的儿童做些什么呢？我想，最重要的事情是让他们了解，这个世界存在很多种不同的家庭。有很多这方面的书籍可以与孩子们分享，巴尼（Barney）甚至还有一首歌，是赞美多样化的家庭生活方式的。

在小学阶段，你的孩子会第一次意识到，你们的家庭与其他家庭是不同的。为此，你要为他们做好准备，这点非常重要。你需与他们讨论，如何与别人分享自己家庭的信息。我的一位朋友担心她 5 岁的孩子会对其他人毫无戒备地大声说："我的妈妈是个女同性恋。"他的同学或其他成年人听到这样的话，也许不会很友善，孩子因此可能受到一些取笑。这些都是你需要与孩子和老师讨论的重要问题。

与收养孩子的异性恋父母一样，男同性恋家长与女同性恋家长可以在一些类似家庭情况的聚会中得到支持或帮助。在有些社区，这件事很容易，因为那里有男同性恋与女同性恋社区中心，据估计，美国境内有 200 多个男同性恋家长社群，有 600 万～1000 万的女同性恋与男同性恋家长。而在其他地方，这件事可能会比较困难。另外还有一些资源对你们也可能有所帮助，比如《男同性恋家长》(*Gay Parent*) 杂志，网址：www.gayparentmag.com，或《爱成就最好的家庭》(*Love Makes A Family*)，网址：www.lmfamily.org。本书附录也列出了其他的一些参考。

第五章　小学高年级和初中
（9岁以上）

Exercise
价值观练习（9岁以上）

11岁的女儿（儿子）第一次被邀请参加男孩（女孩）晚会。之前你听说在这些晚会上，"旋转的瓶子"这样的亲吻游戏很普遍。这时，你会：

- ☐ a) 告诉孩子，参加这样的晚会，他们还太小。
- ☐ b) 允许他们参加晚会并祝玩得愉快。
- ☐ c) 打电话给举办晚会的孩子的父母，与他们交流一下对孩子的监督计划，然后再决定让不让孩子参加。
- ☐ d) 搞清楚孩子的朋友们都在做些什么。

你无意中走进12岁孩子的房间，发现他（她）在床上手淫。这时，你会：

- ☐ a) 什么也不说，直接走出去。
- ☐ b) 说："这对你很好，我很高兴你发现了自娱方式。"
- ☐ c) 大叫："马上给我停下来！"
- ☐ d) 说："对不起，我应该敲门。"然后离开。

你的儿子（女儿）想把头发染成紫色的，你会：

- ☐ a) 说："我们家里不允许染发。你不能染。"
- ☐ b) 说："告诉我你为什么想染发？"
- ☐ c) 耸耸肩，让他（她）去染。毕竟，染发只是暂时的。
- ☐ d) 问他们："你想想，染完后你的样子会给人什么印象？"

你在儿子（女儿）的房间里发现一个便条，上面写着"我爱克瑞斯。"你会：

- ☐ a) 忽略它，反正你不会再看见它。
- ☐ b) 尽快到学校接你的孩子，并问："谁是克瑞斯？"
- ☐ c) 尝试听听孩子们的谈话，看能否发现更多的东西。
- ☐ d) 在入寝的时间说："今天我在你房间整理书时，看见你关于克瑞斯的便条了。给我讲一些关于他（她）的事情吧。"

9～12岁的孩子正进入青春期。自婴幼儿期以来，他们将经历身体、社会和情感上的最为迅猛的发展阶段。对0～2岁孩子的变化和发展，父母们通常做好了较为充分的准备；然而，对于准青春期孩子（preadolescence）和青春期孩子（adolescence）可能出现的变化，父母们往往知之甚少。作为父母，我们知道的是，孩子们会在这些年长高并经历青春期，但对他们在社会和情感上发生的变化并没有做好准备，本章可以帮你了解这些变化。像生命第一年的大事件一样，这些变化是可以预见的。正如艾丽莎这些年经历的那样，知道了可能会发生什么，会使有些挑战变得更容易一点——对我们双方都是如此。

　　青春期（puberty）、少男少女（teenager）、青少年（adolescence）不是可以互换的术语。"青春期"是指一个人从生理不成熟，发育至生理成熟的一个发展阶段，生理成熟的表现是有性生育能力。而根据年龄来定义的"少男少女"是指13～19岁间的青少年。"青少年"实际上是一个相对新的概念，它是指从青春期（童年时代末期）到成人阶段的一个发展时期。在许多发展中国家,今天仍存在这样的情况,在青春期之后不久,孩子们就结婚了,并开始承担成年人责任。今天,越来越多的美国青少年到了20多岁甚至30多岁,仍在接受大学和研究生教育,住在父母的家里。有些人不禁质问,当代美国人的青春期什么时候结束——30岁吗?在你中年之前,你考虑过自己什么时候买房子吗?什么时候有自己的孩子呢?

为青春期做准备

在8～16岁,孩子会经历一段可预期的生理发展过程,即进入青春期。女孩的青春期变化最早开始于8岁,男孩早在9岁也可能开始了,但也有些少男少女甚至到15或16岁都可能没有出现类似变化。男孩开始青春期的平均年龄在11～12岁,女孩开始的平均年龄在10～11岁。青春期的过程,从第一次身体变化到完全发育成熟需要4～5年时间。一般来说,男孩青春期的开始和结束时间都比女孩要晚1～2年。

女孩青春期发育的第一个突出表征是"乳蕾"的发育——乳房开始像小山丘一样隆起。后来,乳房和乳头会逐渐发育得更大。1996年对17000多名女孩的调查发现,平均来说,非裔美国女孩在9岁之前乳房开始发育,而白人女孩大概在10岁开始发育。6个月以后,她们淡淡的、稀疏的阴毛和腋毛开始出现,女孩由此开始经历生长的爆发期,往往一年内能长高几英寸(1英寸相当于2.54厘米),她们的生殖区和腋下区域开始出现汗腺。大多数女孩在乳蕾开始发育后的两年内开始来月经。许多女孩在第一次来月经之前,乳房就已经发育完全,但也有一些直到许多年以后还在继续发育。

男孩在青春期经历了同样的变化。他们也发育出了淡淡的、稀疏的阴毛和腋毛，汗腺也开始发挥作用。在 12～14 岁之间，他们的阴茎和阴囊开始增大。起初，睾丸开始变大，阴囊上的皮变红、变粗糙。当男孩成熟时，他们的阴茎开始发育得更长，阴毛的颜色也慢慢变深，并开始卷曲。

如今，女孩第一次月经到来的时间比我们三四十年前要早一些。2004 年，美国女孩第一次来月经的平均年龄为 12 岁半，这意味着有一半女孩在七年级来第一次月经，许多女孩的初潮甚至会早至四五年级；另有半数女孩的月经初潮发生在八年级，有的可能要到高中才姗姗来迟。所有这些都是正常的。

今天青少年的性成熟时间比过去青少年要早得多。美国独立战争时期的家庭圣经（family bibles）曾记录，女孩初潮的平均年龄是 17 岁。1860 年，欧洲和北美女孩初潮的平均年龄是 15 岁多一点。在过去的一个世纪里，由于营养改善，女孩初潮的平均年龄每 10 年会提前 3 个月，尽管自从 1960 年以来它一直保持相当稳定。

为女儿的青春期做准备

在你注意到她的身体发生变化之前，你女儿可能自己就已经发现了腋下和阴部长出了稀疏的毛发，注意到了胳膊下新的气味和内裤上新的黏液，她可能经历了胸部"成长的痛苦"。

许多父母不知晓这些变化的内情，某天突然惊奇地发现，女儿的乳房似乎在一夜之间长出来了。大多数女孩的"乳蕾"在 9～10 岁发育，也可能早至 7 岁或晚到 13 岁半才开始。在青春期，乳房发育了，内生殖器（卵巢、子宫、阴道）和外生殖器（阴唇、阴蒂）都开始增大，子宫实际可增大 5～6 倍。女孩青春期的过程平均持续 4 年，但青春期过程最短的可能 1 年半就结束，最长的则要历经 8 年之久。

1996 年，医疗期刊《小儿科》（*Pediatrics*）上的一项新研究结果让许多专家和父母感到震惊：研究发现，至少有 1/4 的女孩在三年级就开始了以乳蕾发育为特征的青春期，而父母们还以为女儿要在五六年级才会来初潮。初潮开始的年龄，受多种因素影响，如种族、基因、营养和文化等。但在乡村社区和大家庭里，它发生得较晚，相关原因目前仍不明确。

许多女孩表示，她们对这些青春期变化还没有做好充分准备。一些女孩只在学校或青年团的会议上接受了少量教育。我仍然对 35 年前的一次五年级女童子军的聚会记忆犹新，我们当时观看了迪士尼电影，都非常窘迫，对这个即将到来的变化也相当紧张。然而，这种情况目前并没有太多的改变。最近调查了某家青少年女性健康中心，其中一位 12 岁的女孩说："五年级时，我初次来了月经。这对我们来说，是件很大的事情。我们有男孩教育和女孩教育，我们都拿到了这种小册子。但我和我的朋友们在整个星期都心烦意乱。"

而其他女孩表示，她们从母亲、兄弟姐妹和朋友那里得到的这方面信息也很少。一位女孩说："在我 10 岁生日那天，他们给了我一个小包裹，里面好像是一个护垫和一本小册子。"另一个女孩说，她真的没有得到她需要的信息，"我想如果我知道月经是什么，知道所有女孩都会来月经，假如有人告诉我每个人都会发生这种情况，它既不疼，也没什么好担心的，那么我会想这件事很正常、不用怎么担心。但是现在，在某种程度上，我觉得它是羞耻的。"

显而易见，你希望为女儿的第一次月经多做一些准备。我建议你不要郑重其事地和她谈这个问题，这样做可能让你们感觉都不舒服。你可以采取其他类似情况的处理方式，一点一点慢慢来，时刻准备好回答更多的问题。向女儿介绍有很多种办法：你可以和她分享你自己的亲身经历，比如你第一次来月经的情形，你在去商店的途中突然来了月经，你是如何做应急处理的；你也可以告诉她，你注意到她的乳房已经开始发育，这是她身体一个奇妙变化的开始；也可以送给她一本青春期的书作为特殊礼物；还可以与她一起参加一场母女研讨会。接下来我们将更详细地讨论其中的一些做法。

向女儿介绍"月经"的概念需要选择适当的时机，在她大约7～8岁时，你开始与她交流她将要经历的变化，可能会比较容易一些。我的经验是：在我月经期间，我会在卫生间里保留我用的衬垫和卫生棉，当女儿问我时，我就回答有关的问题。我尝试着从一开始就给女儿这样的信息：月经对女人来说是一个生活事实，是客观存在的，而且它们很容易掌握。

在孩子每年的体检中，父母可以从儿科医生那里了解相关青春期的建议。儿科医生会告诉你，你的孩子发育得怎样，他们会用"青春期量表"来评估男孩和女孩身体的性发育。女孩的初潮一般在乳蕾开始发育的两年内到来，尽管情况并非总是如此。一旦女儿开始发育乳蕾，你需要和她交流几次，预先为月经来临做些什么。你可以在她的书包里放一个卫生巾，与她一起排练如果她在学校或家以外的其他地方第一次来月经，她该怎么做。

与孩子分享你自己度过青春期的经验，对孩子可能有所帮助。我们大多数人都没能顺利度过这个发生巨大变化的时期——你的女儿也不太可能会一帆风顺。如果妈妈或阿姨能够分享对自己身体变化的感受，也许会让女孩感到安心。你可以与女儿分享如下的信息：

◎ 在我像你这么大的时候，我的身体看起来像_____

◎ 在青春期，我最关注我身体的_____

◎ 你想听我第一次来月经的故事吗？

◎ 我记得男孩是_____

◎ 我记得当时我认为的性是_____

在未来几年中，当她的身体开始发育和变化时，她可能会有许多的问题要问。在这个时候，书可以发挥很好的作用。如果她有一些参考书，可以自己查看它们，从中找到一些问题的答案，她将因此受益匪浅。

如果你觉得合适的话，你可以与她一起看这样的书。我的妹妹曾与她10岁的女儿艾米莉一起读过《我的身体怎么了？（女生版）》。在我们家，艾丽莎更喜欢用这些书作为她的个人成长指南。你自己想给她读书，可能反而没有用，要尊重你女儿自己的方式。

也有一些为青少年制作的有关青春期的视频。你也可以把这些视频送给孩子，并建议与她一起观看——或者她一个人单独看。如果孩子觉得看它们有些勉强，你告诉她，她可以从视频中了解相关事情，可以单独看或与朋友一起看。

你也可以打打电话，了解当地有没有学校或社区机构提供青春期教育的计划。一个好的计划会包括父母和女儿两个方面，不仅把注意力放在青春期的生理变化方面，也会注意情感和社会的变化。

当女儿的青春期快来临，与女儿一起生活的单身父亲可能完全不

我鼓励父母把女儿第一次来月经的那天,当作一个值得庆祝的日子。你打算用什么方式来庆祝这个日子呢?

知道该如何做准备,他们常常觉得这特别难办。一个父亲曾说,"我又不知道它是什么样子,我怎么和女儿谈她的月经?"依据自己的父女关系情况,还是有方法可以借鉴的:你可以像妈妈做的那样,直接与孩子交流;你可以请她的阿姨、祖母或一个亲密的朋友,负责任地承担这个工作。无论采用何种方法,你应该确保她有相关问题的书和视频,方便她自己查阅。父母需要认真考虑怎样对待女儿的第一次月经,这很重要。我现在仍记得自己第一次来月经时的可怕经历:那时在学校,我非常恐慌,去找了校医,她给了我一个棉垫,然后让我提前放学,并把我送回了家(现在看来,这真是有些小题大做)。当我回家告诉妈妈我来了第一次月经时,她轻轻地扇了一下我的脸,我目瞪口呆,当时并不知道这是东欧的习惯(不知源自哪里),但它让我觉得我做错了什么事儿,我哭了起来。幸运的是,那天我也有一个愉快的记忆:妈妈最后同意让我去买雅德蕾·斯里克(Yardley Slicker,1968年很"时髦"的口红)。她说:"我想你已经长大了,可以有宝宝了,那你也大得足以抹口红了。"

现在已经鲜有青少年要为此举行什么仪式了,但我鼓励父母把女儿第一次来月经的那天,当作一个值得庆祝的日子。一些女性主义者会举办仪式以庆祝。在我们家,为庆祝艾丽莎即将到来的那个日子,我为她买了一对珍珠耳环,全家还一起吃了"欢迎进入妇女时代"的晚餐。考虑一下,你打算用什么方式来庆祝这个日子呢?

我也想谈一些女孩们在青春期的伤心事儿:她们生活中重要的成年男性——父亲、叔叔、祖父——不再拥抱、亲吻她们。他们发现孩子的身体发育了,就终止了与她们身体上的亲密接触。有些父亲甚至不再拥抱青春期的女儿。女儿们有时会因他们的拒绝而感到为难、尴

尬，颇感困惑，也有些受伤。

她们不期望与父亲的关系发生这些变化，但它还是仿佛在一夜之间就发生了，这个变化传递了一个微妙的信息：对于一个长大的女人来说，所有的触摸似乎与性有关。很多妇女伤心地记得，她们与父亲的关系就是在这时发生了一定的变化。记住，你的女儿仍然是你的乖乖女儿，她仍然需要你，请继续努力保持亲密与柔情。

女孩的青春期发展

青春期发展阶段	阴　毛	乳房发育
1	无	无
2	稀疏的	小乳蕾
3	深一些，开始卷曲	乳房和乳头增大
4	粗，卷曲的，比成人少	乳房继续发育
5	成人三角形	成熟，乳头突出

为儿子的青春期做准备

你的儿子，也可能比你们更早地注意到了自己身体上的变化。他看见他胳膊下弥散的腋毛，看见阴茎周围出现阴毛，睾丸变了颜色。甚至，他可能会关注自己看起来像在发育的乳房，都不知道这是否属于正常。许多父母不知晓这些慢慢的变化，有一天他们惊奇地突然发现自己的儿子长了阴毛和腋毛，嗓子变声了。

男孩的青春期平均开始于小学六七年级，有一些到九年级开始，还有一些男孩几乎要到大学二年级才开始。第一个身体发育的迹象是睾丸大小的变化，不像女孩的乳蕾那样容易看出来，父母观察不到这个变化。在青春期，阴茎的大小会增长一倍。在青春期第三发展阶段，射精经常发生，可能还产出一些精子。与女孩的月经初潮对应，一些性学家把这称作"射精初期"。对男孩来说，夜间遗精会经常发生。在青春期第四发展阶段，男性有了生育能力，能够引起怀孕。男孩的青春期时间平均是3年，但2～5年也是正常的。

不仅女孩对她们的第一次月经没有准备，男孩对他们的第一次夜间射精更难有准备。在我认识的家长中，只有一个男孩的父母为他的第一次遗精做了准备。更多的孩子对初次遗精都是一无所知的。有成年男性曾说，他们记得初次遗精时，以为自己患了癌症，快要死了。或者更普遍的想法是，他们弄湿了床。许多人记得自己完全是在恐慌中考虑怎么处理被弄脏的睡衣与床单。还有一些男孩的初次射精会发生在手淫的过程中。

父母需要为儿子的青春期做准备，正如为女儿做的一样。"郑重其事的谈话"可能不起作用，甚至更困难。请试着敏锐地观察儿子正在经历的变化，慢慢地与他交流。与他谈谈他将要经历的身体变化以及他可能的感觉，比如他的阴茎和睾丸大小的变化，随着身体发育他可能会发生梦遗等。如果碰见了被弄污的床单，请告诉他这是正常的，父母会理解的。他可以把它放在洗衣机里，或者自己洗，这对孩子以后的生活会是一次很好的经验。

在孩子每年的体检中，可以请儿科医生评估儿子的发育情况。儿科医生会告诉你孩子所处的发育阶段，可能会帮助你处理孩子关注的一些问题。

对于准青春期的男孩来说，阴茎的大小是个大问题。他们在撒尿时或在锁着的房间里，常常会把自己的阴茎与其他男孩的相比较。在最近的一次面对八年级孩子的课上，有关阴茎大小的问题，几乎每周都出现在我们的匿名问题信箱里。这个年龄的男孩应该知道，成年男人的阴茎在软的时候是2～4英寸（相当于5～10厘米），勃起时有5～7英寸（相当于13～18厘米）。他们也应该知道，有些男人的阴茎比较短，有些比较大；阴茎在软的时候比较小，在性兴奋时就会变得比较大；如果阴茎在软的时候比较大，在性兴奋时它的变化就会少一些；而且阴茎的大小和性满意度没有关系。

男孩也需要知道阴茎勃起的一些知识。如果你从学龄前起，就已经一直向儿子传递"有时阴茎是硬的，有时阴茎是软的"这种信息，那么他们现在也许不需要太多的信息了，或许只需说"当你到青春期时，勃起会更加频繁"就行了。

如果你一直没与儿子谈过这些，那现在可能需要花费更长时间。男孩到青春期会变得对性更感兴趣，更可能体验性吸引这种感觉，阴茎可能经常勃起。八年级的男孩可能平均一天有几次勃起，这些勃起常常相当出乎意料或不受欢迎。比如在学校食堂，他看见前面的一个女孩弯腰捡叉子时，阴茎就勃起了；或者，一个穿短裙的漂亮女孩在他面前做自我介绍时，它就发生了；也可能发生于他看见杂志上的一个性感广告，种种……麻烦就在这儿！男孩应该知道这完全是正常的反应，勃起会自行消退。他们也发现，自己需要了解一些不让别人知道自己被性唤起的方法，比如把餐盘或书挪到一个合适的地方，或者把正在读的报纸放在齐腰的位置，都会起到遮挡的作用。

如果你是一个与儿子关系亲密的父亲，与他分享一些自己青春期的体验，或许对他也有所帮助。父亲可以与儿子分享这样一些信息：

◎ 当我在你这么大的时候，我还以为我的身体_____
◎ 那时候，我对我身体最大的担心是_____
◎ 我第一次遗精是在_____
◎ 我记得当时我对女孩的想象是_____
◎ 我记得我当时认为的性是_____

此外，"男性乳腺发育"（gynecomastia）对男孩也是个麻烦。在青春期，由于男孩乳房周围的腺组织开始增长发育，这使得他们会为自己正在长大的乳房而苦恼，或者为可能变成一个女孩而担惊受怕。有1/5男孩会有这种腺组织发育。

在青年人（young people）中，出现这种情况的极少数个案是由于疾病所致，比如肝病、性腺功能减退、甲状腺功能亢进或甲状腺功能减退。它也可能是吸毒的一种迹象。但是，在你感到恐慌之前，你要知道，在大部分情况下，这只是男性青春期发育的一种变化，通常在1到1年半之内就会消失。但是，也有将近1/10的男孩会持续到两年。

好在儿科医生会帮助你排除那些疾病的起因，告诉你儿子这类乳房组织发育是正常的，而且会发展得更好。如果你儿子的乳房发育非常特别，手术也是一种选择，但通常它只是极个别的案例。与儿子的医生谈谈，也与女儿交流一下这种正常的生理现象。我偶然听到我女儿和朋友咯咯地笑一个男孩正在变化着的乳房，我告诉她们这种现象很正常，但这会让这个男孩感到很不安，于是她们产生了一些同情心。

书籍和视频对他们也会非常有帮助。父母应该为儿子买一些书并与他一起看，或让他单独看。书架上有书非常有好处，这样他可以在

需要时一个人去参阅。正如你的女儿一样，虽然他们看上去似乎并不喜欢你送的这些书，但这并不意味着他们实际上不想看。一些父母说，他们买了一些关于青春期的书，只是把它们放在触手可及的地方，希望儿子能发现。我建议最好不要这样。记住，你要让儿子知道，你们是可以回答他的疑问或困惑的父母。请把书作为礼物直接送给他们！

父母也可以打打电话，看看当地童子军或教堂有没有为男孩提供的"为青春期做准备"的项目。这些可能没有女孩的那些实用，但有些社区机构真的有这些。一个好的项目应该同时包括男孩和父母两个方面，包括应对即将到来的身体、社会和情感等方面的种种变化。

独自带着儿子的单身母亲，在这个时候常常会觉得特别尴尬，虽然她们说，"我从未担忧过儿子遗精或阴茎大小的问题"。当然，你应该和儿子谈谈这些变化，就像谈其他重要的问题一样。或许，你可以请孩子的叔叔、祖父或你们家的朋友帮助你。书籍和视频也可以帮助你。

男孩的青春期发展

青春期发展阶段	阴　毛	阴茎/睾丸
1	无	像小孩的一样
2	稀疏的	阴囊变红、长大；阴茎与小孩的一样
3	颜色更深，开始卷曲	阴茎长度增加；睾丸增大、颜色变深
4	粗，卷曲的，比成人少	阴茎变长、变粗
5	成人	成人

让男孩和女孩了解对方的身体变化

让孩子了解异性孩子经历的青春期变化，也很重要，这些变化中的很多内容对男孩和女孩是同样的。但是我认为，男孩应该知道一些有关女孩月经的事情，女孩应该知道一些有关男孩阴茎勃起的事情。

我清楚地记得，有一次我注意到一个六年级男孩看见了卫生巾，当时他的样子非常窘迫。让男孩和女孩们了解另一性别的身体发育，至少能了解一般的术语，还是很重要的。它为异性未来的相互尊重做了准备。许多女性朋友说，她们的丈夫无法到药店帮她们买卫生棉条！明白异性正在经历着什么，可以减少不合适的嘲笑和议论，嘲笑和议论也是一种隐性的性侵害。(见本章的特别话题"学校里的性骚扰"。)

早发育者和晚发育者

虽然大多数青年在十几岁左右开始青春期，但有些人会开始得更早，有些人会经历得更晚一些。早发育者和晚发育者都面临着特殊的挑战。

有些儿童的青春期在 9 岁或 10 岁之前就开始了。据说，世界上最年轻的妈妈是一名 6 岁的印第安女孩。一些孩子极罕见地在生命的第 1 年就出现了青春期才会有的迹象，这应该向内科医生求助。有趣的是，其中的大部分似乎不是由疾病引起的，而经常由女孩的遗传密码决定。相反，男孩的"早熟的青春期"却更有可能是身体出问题的症状。如果父母观察到孩子在 7 岁之前有了青春期变化，他们应该去找医疗健康评估医生。

虽然在 8 岁左右进入青春期的孩子比较少，但一个最近的研究发现，父母和医疗健康评估医生认为这种现象要普遍得多，多到 1/4 的非裔美国女孩和大约 10% 的白人女孩实际上在 7 岁就开始了青春期。

早发育的女孩会面临一些特殊的问题。因为她们看起来更成熟，所以大人常常期待她们的行为也更成熟。那些在三四年级乳房就发育起来的女孩可能觉得有些尴尬，想隐藏自己发育的身体。她们可能被男女同学毫不留情地嘲笑，真的认为自己不正常。

许多父母假装没注意到女儿身体的变化，这可能使她感到困惑并觉得羞愧，多与她谈谈，会对她有帮助的。一定要让女儿知道，她身体正在经历的变化是正常的，青春期就像一个预先设置的闹钟，看起来是突然响起来的，实际上该发生的一定会发生；每个人青春期开始的时间是不一样的，只是她的时钟响得早一些。你可以安慰她，或许她们班的其他女孩也在经历这个变化。

尝试和谈谈她尴尬的感觉。如果你也是与众不同的或发育早于同龄人群，就与孩子分享你自己的青春期经历。或者找一个青春期发育也比较早的年长妇女和她谈话，一点点的同感就会让她对自己的感觉好很多。如果她因为身体发育受到了学校或邻近地区的冷嘲热讽，你也可以帮她演练一下，让她知道遇到这种情况，自己该怎么做。另外，你需要注意，青春期的早期是容易过早发生第一次性交的预警期，你务必要监督她的社会交往。

早发育的男孩似乎面对的问题要少一些。虽然他们也可能因为长得高而被嘲笑，但他们更容易被社会接受。许多研究指出，早熟的男孩可能更受欢迎，他们的运动能力好，在学校里也经常是领袖。但也有研究指出，他们可能对自己的身体感觉不安，也还没有准备好去承担成人期望的更成熟的角色。如果你的儿子看起来比同班男同学高，由于你不能观察他的性器官在发生怎样的变化，比较好的处理办法是，你早一些和他谈谈青春期。你也一定要与他谈谈他对自己早发育的感觉。即使他不说出来，他也是需要安慰的。

与早发育的女孩面对的麻烦相比，晚发育的男孩要面对的实际问题更多一些。他们更有可能被毫不留情地嘲笑，看起来更孩子气或感觉更羞愧。我认识的许多晚发育的男人，仍然记得他们那时候的窘迫的感觉。

大多数时候，早发育者和晚发育者不需要任何医学上的特别关注，但是有时候它们可能是某些医学问题的征兆。男孩如果到16岁还没有青春期发育的迹象，应该寻求医疗干预。女孩如果到14岁还没有青春期发育的迹象，医疗干预或许是必要的。但是一些人迟至19～20岁才开始青春期，这被医生称为"先天性青少年成长迟缓症"，应寻求医生的帮助。

父母应该与孩子谈谈孩子自己的感觉。不管是男孩还是女孩，都可能对自己的晚发育感到羞愧或困窘。他们可能不知道自己的身体将来是否会发育，也许也难以理解他们的朋友为什么对异性越来越感兴趣。他们会想，这有什么大不了的？！另一方面，他们也被身体及每一个微小的发育征兆所困扰。让孩子们与一个晚发育的成人谈谈会有所帮助。要鼓励他们发展适合他们年龄的才能和技巧，让他们知道，世界上最好的体操选手都是晚发育的少男少女。让他们确信，他们的身体将会发生变化，只不过遵循的是自己的生物钟节奏罢了。

青春期男孩和女孩的要点

> ▷ 不同人的青春期开始和结束的年龄也不同。
>
> ▷ 每个人的身体变化都有着自己的节奏。
>
> ▷ 男孩和女孩的青春期变化,大部分是相似的。
>
> ▷ 女孩常常比男孩先开始青春期的变化。
>
> ▷ 准青春期孩子会因为他们身体的快速变化,而感到不自在、不适应,或难为情。
>
> ▷ 性和生育系统在青春期发展成熟。
>
> ▷ 人们只有在经历青春期后才会有宝宝。
>
> ▷ 青春期女孩开始排卵和来月经,男孩开始产生精子和射精。
>
> ▷ 在青春期,感情会发生变化。
>
> ▷ 在青春期,许多人开始有了浪漫的和性的感觉。

"我正常吗?"

早发育、晚发育和正常发育的孩子都有一个共同的担忧:我正常吗?身体上的那些快速变化会使他们感到困惑。9~12岁的孩子常常因模样而困扰。事实上,心理学家说,准少男少女都有一个"想象的观众":他们认为每个人都在看着他们,他们往往花几个小时穿衣服、弄他们的头发和脸。(请见本章"身体形象、外貌与饮食"部分)

他们需要父母的安慰,说他们是有吸引力的。他们需要知道,是不是每个人都真的在看着他们。

他们常常不知道自己是否正常，担忧自己的身高、乳房大小或阴茎大小，是否发育太过或发育不足。他们也不知道自己的异常躁动的感觉是否正常。重要的是，父母要经常安慰孩子，每位青少年都是根据自己个人的、遗传上预先设定的生物节律在发育。当他们问诸如"为什么我的月经还不来？"或"我讨厌班里那个最矮的男孩"的时候，你要了解这些问题后面隐藏的问题是"我正常吗？"。你可以这样说：

你可能不知道你的发育是正常的，的确没有任何问题。所有的男孩和女孩在不同的年龄都以不同的速度发展。到你18岁的时候，你就是成人了。到那个时候，你才知道你的身体是以你自己的速度发展的。

父母可以与孩子分享你们在青春期时的故事和照片。记得我在第一次月经来临之前，经历过一段特别笨拙的、圆胖的时期，艾丽莎看了我那时的照片，对我说："哇，你过了一个很糟糕的青春期！"

情感发展

任何一个准青春期孩子的父母会告诉你，身体发育与情感发展、社会发展是分不开的。事实上，父母接受孩子身体的变化，往往比接受他们情感和社会的变化要容易得多。9～12岁孩子的父母常常疑惑：我那个非常可爱的、甜甜的、听话的孩子怎么啦？那个等着和我一起做事情的孩子哪里去了？他们怎么变得好像再也不想和我们一起做任何事情？他们怎么不想让别人看见他和我在一起？

纽约一位儿科专家鲍勃·考文博士（Dr. Bob Corwin）曾说过，"在童年时代，你是孩子的锤子，在他们青春期，你是铁砧。"他的意

那些早发育的女孩可能觉得有些尴尬,想隐藏自己发育的身体。她们可能被同学嘲笑,或许真的认为自己不正常。而晚发育的男孩面临的问题可能更多一些,他们更有可能被毫不留情地嘲笑。一定要让孩子知道,每个人青春期开始的时间是不一样的,只是她(他)的时钟响得早(晚)一些。

思是说，在孩子进入青春期之前，我们的任务是不断地教导；在孩子十几岁的时候，我们可能就在那个被教的位置上了。用我的朋友和同事鲍勃·塞尔弗斯通博士（Dr. Bob Selverstone）的话说："孩子从父母身边走开是很好的，说明他们正在为自己的独立生活做准备。但父母必须向孩子们明确表达，在任何时候你都不会从他们身边走开。"

现实是，在准青春期和接踵而来的几年间，孩子与父母的冲突达到顶峰，但只有 1/6 的少男少女与父母的亲子关系破裂严重。准青春期只是孩子开始与父母分开，但是他们仍然依赖父母给他们的指导和支持。

亲子关系的这些变化对于每个人——父母和孩子都是困难的。当艾丽莎经历这个阶段时，我挨了当头一棒：相对于做别家孩子的工作，做自己青春期孩子的父母要困难得多。在我的演讲会上，那些青少年通常认为我很酷，但我的女儿经常认为我是令人尴尬的。在最近的一次青少年医药协会（Society for Adolescent Medicine）的年会上，午餐会被名为"安然度过孩子的青春期"——在我们的职业生涯中，每天都要和青少年打交道！一天，艾丽莎做了个很好的总结，一场辩论后她把矛头转向我，"妈妈，你认为只有你是我们这个年龄群的专家吗？！"

在青春期，孩子的心理成长和发展有很大的变化。正如孩子们在不同的时间开始和结束青春期一样，不同孩子的心理变化也是不同的。让人非常困扰的是，孩子们的心理、社会、情感和智力的成长会在不同的时间发生，也可能所有的都在同一天发生了。塞尔弗斯通博士写道："这种离开父母、走向朋友的过程既不顺利、也不容易。父母们常常困惑于他们十几岁的孩子在前一天还坚持要自己做决定，第二天他们又要求你的帮助。这些转变会让父母和孩子们感到困惑，但这就是父母和孩子们生活的现实。"

青春期早期一般发生在12～14岁，但是许多孩子在9～12岁就开始了这些变化。请记住，青春期的发展目标是孩子成长为成年人，即孩子要在情感、心理和经济上从父母那里独立出来。当这些斗争开始的时候，你要提醒自己，你是真的想要孩子长大并成为一个独立的成人吗？不然，难道你还希望你28岁的孩子一直住在你的家里，每件事情都要依赖你吗？有时候，当我与女儿的关系变得紧张时，我就喃喃自语："这是好事，我希望她成长为一个独立的成人，她不得不这么做！"

在本章的开始，我们描述了青春期孩子在身体上的快速变化，这种变化又引起了许多心理变化。青少年开始朝更独立的方向发展，经常对自己的身体有非常强烈的自我意识。荷尔蒙的分泌也容易导致极端的情绪和莫名的感觉。前一分钟他们还不顾一切地要求你的帮助，下一分钟就大叫"你就是不懂"，并且砰地关上房门。他们对与你一起做事情，甚至可能连与你在一起也都不太有兴趣了。许多六七年级孩子的父母为这样一些事情感到悲伤：去年，他们可能等着与我一块儿做事情，现在，我送他们去学校，还不得不在离学校有半个街区远的地方就让他们下车。这个年龄的孩子开始变得非常敏感，这在父母批评或劝告他们时尤其如此，而他们批评自己的父母时却经常毫不留情。比如"妈妈，你真的要穿着那个去参加学校的音乐会吗？"这是我最近听到的一句有些嘲讽的话。

孩子会试探父母的权威，有时候也会试探老师和生活中的其他成年人，其中包括试探与你不同的价值观。我记得我自己在12岁时决定做一个虚无主义者，只穿黑色的衣服，写忧郁的诗，对赫尔曼·黑塞（Herman Hesse）和安·兰德（Ayn Rand）有着无法解释的热情。幸运的是，我父母可能知道这只是一个必经阶段，他们选择不加评论。我的这个阶段过去得相当快。研究证实，大多数少男少女似乎都会经历一个拒绝父母价值观的时期，然而，他们接受的价值观与父母在成年时代接受的价值观却非常相似。当你的孩子宣布他们是佛教徒，是社会主义者，是资本主义者，或是共和党——无论是什么和你们家庭的价值观相对立的东西时，你们都不要吃惊，这都可能成为过去。

在准青春期，朋友非常重要，受欢迎是最重要的。他们会想模仿某个朋友，这被心理学家称为"与同伴一致"，这种需求在青春期早期达到顶峰，以后就慢慢下降了。这对孩子不利的是，他们面临的同伴压力在此期间会非常强烈，通常要求穿同伴群体接受的运动鞋类型，穿与同伴群体长度一样的裙子或裤子，甚至会在意被人看到和父母在一起时自己是否依然很酷。这种同伴压力也会导致抽烟、酗酒，当然还有性方面的问题。

小群体常常在这个时期出现。根据孩子们居住的场所，学校里分为各种各样的小圈子：运动选手、讨厌鬼、溜冰者、预科生、嬉皮士、受欢迎的人、飞车族和古怪者等。问问你的孩子，他们学校里的这些群体叫什么。通过一个人的衣着，常常就可以判断他（她）属于哪个同伴群体。就像我们上高中时有"时髦者"和"受欢迎者"群体一样，有时候这类群体凌驾于其他群体之上。你的孩子或许在成为某个团体的一员，在从事某种活动时会第一次感受到同伴压力。对一些青少年来说，这意味着与同伴一起试着抽烟，在商店偷东西，或者在考试时作弊。在13岁的学生中，令人吃惊的是，有22%的孩子抽过烟，10%

的孩子用过大麻，有 1/3 的孩子表示他们试着喝过酒。

准青春期孩子在挑选朋友上，可能会选那些在社会地位、智力和兴趣爱好上与自己相似的孩子，朋友的影响又使他们变得更加相似。他们可能花非常多的时间与朋友、同学在一起，而不是与父母及父母的朋友在一起。不少研究表明，准青春期孩子和朋友在一起时是最快乐的。这对那些渴望与孩子保持童年时代亲密关系的父母来说，可能有些困难。请再次记住，是你希望他们到青春期结束时变得独立的。放松自己，尝试着享受孩子在朋友中收获的新喜悦。

与准青春期孩子多谈谈友谊和同伴的压力，是个不错的主意。如果你认为孩子正在与不合适的人群交往时，这种谈话特别重要，但也通常很困难。父母要尽可能地保持开放沟通的态度，不要让孩子感觉到你专制。如果你确认孩子正在交往的人群是有害的，你就要限制孩子与他们的接触，或尝试着引导孩子转向其他群体。要让你的孩子知道：好朋友是会让自己觉得有收获的；某位让你做违背自己价值观事情的朋友，一定不是好朋友。你可以问问孩子，他（她）是以什么品质来选择和判断朋友，又怎样使自己成为别人的好朋友。

父母也需要确认孩子有同伴群体。一些准青春期孩子经历着巨大的孤独和疏离，他们似乎缺乏在学校交朋友的技能，或由于一些无法解释的原因，他们总是不能适应。有同龄朋友，这对他们来说非常重要。如果你的孩子在学校没有交到朋友，那父母就需要帮助他们寻找可选择的同伴群体。鼓励他们参加课外活动、运动队、音乐组等各种活动团体——只要是他们感兴趣的。与他们谈谈怎样开始友谊，怎样继续友谊。

对准青春期孩子的父母来说，一个最大的挑战就是，看见孩子进入不合适的群体或他有一位你不喜欢的朋友时，你该怎么办。这可能是你干预这种情况的最后一次机会。到孩子"飞"出去的时候，你就没有什么办法能控制他们的交友了。但是，现在你可以练习控制，就像曾经控制孩子小时候的交往：你可以决定让他们到谁家里去，可以与谁一起去商场，放学后可以做什么，可以与谁在电话里交谈，交谈多长时间等。但是，与孩子蹒跚学步时的情况不同，现在需要与他们一起讨论问题及寻求合作，这种方式比过去单纯的"制定规矩"要更好。如果你对某些看起来"特别"的孩子感到不舒服，可以请他们到家里来吃午饭，观察他们与你孩子的交往。相信你的直觉。不要害怕告诉孩子，你不喜欢他（她）在课余时间和那个孩子待在一起，也告诉你为什么有那样的感觉。但是，要在不用"摊牌"的情况下，帮助他（她）达到这个结果。

与孩子小时候那样，试着去认识你孩子朋友的父母。这会比你陪他在操场附近转来转去更具有挑战性，而且它是进一步了解孩子朋友的方法。这也让准青春期的孩子知道，你还在参与他（她）的生活。同伴的父母也可能帮助你照顾孩子的生活。

在孩子接近青春期时，他（她）会要求不断增加权利，你会听到"但是珍的妈妈就让她这样！"类似的要求。在女儿艾丽莎从提出"要口红"到"要自己出去看电影"种种要求的几个月后，我拜访了她5个好朋友的父母，我们开了个会。目标是看我们能否在着装、化妆和孩子外出的事情上达成一致。结果，在我和珍的妈妈谈了这些事情以后，"珍的妈妈就让她这样！"就不起作用了。虽然我们几个家庭有不同的宗教观，但沟通一个小时后我们就对待七年级孩子的一系列原则达成了一致。

考虑一下，可以与你孩子朋友的父母一起试试这样做。你们要做的只是花几个小时时间，把家里需要处理的问题列成表。这些问题可能包括电话权利（我们决定将电话时间限制在10分钟之内，晚上8点半以后不能打电话）、化妆（我们决定孩子可以用口红，但不许用眼影）和约会（我们不允许）。它也可以包括看某些电视节目、去商场、单独看电影和去参加男孩、女孩的晚会等等。

这个年龄的孩子也开始发展认同感和抽象思维能力。他们时常做白日梦，经常扮演头脑中的角色，开始变得内向。白日梦是正常的，实际上还相当健康。送给孩子一本日记或日志，尊重他们的隐私权，这对于鼓励刚步入青春期的孩子去思考和探索自己的感情非常必要。准青春期的孩子会单独在自己的房间里待几个小时，许多父母为此感到担心。父母们需要记住，这个独处的时间可能是孩子成长的重要部分。

青春期早期阶段要点

- 身体发育一定会发生。
- 顺应这些发育的变化。
- 关注身体形象。
- 开始同父母分离。
- 亲子冲突增加。
- 参加社会小群体。
- 对同伴群体认同。
- 注意力集中在与同伴关系上。
- 以具象思维为主，但是抽象思维能力开始发展。

这个年龄的孩子看起来可能非常戏剧化。他们常常觉得自己在舞台上，确信自己的问题是独一无二的，没有人能理解自己。"妈妈，你就是不明白！"，然后砰地关上门，这种情况并不少见。但当门再打开时，你一定要在那儿和孩子谈谈。

对待从不提问的准青春期孩子

对有些孩子进行青春期教育相对容易，他们会提出许多问题，渴望与父母讨论，为自己身体的变化而感到喜悦。但是，有些父母面对的情况则困难得多，因为他们的孩子从来不提问题。

"如果我的孩子从来不问问题怎么办？"答案是："你必须主动告诉他们。"在性问题上同样如此。

有一些准青春期孩子从不问性的问题，有一些甚至对这方面问题感到害羞。例如，我的一个朋友说，他12岁的女儿对"内裤"、"乳罩"这种词感到非常尴尬。如果在这个年龄段之前，你一直没有与孩子谈过性的问题，那么你很有可能有意无意地向他们传达过这样明确的信息——你在讨论这些问题时，会感到不自在。遗憾的是，这时再改变他们的想法是很困难的。但是即使他们不主动提问，你也应该知道他们有想问的问题。

不要认为那些不提问题的孩子已经了解了自己需要的答案。他们很想了解这方面的问题，只是可能感到害羞，不知道如何提出这方面的话题，或者你在不经意间曾告诉过他们，不愿意讨论性话题。

有些父母会认为，应该与这个年龄段的孩子进行一次"郑重其事的谈话"，请克制这种冲动。这样做，除了会强化你们两人在谈论性问

题时的不自在，不太可能起到别的作用。记住，偶尔随意谈起，比用知识集中轰炸更合适。实际上，让孩子们知道父母乐意和自己谈论这些话题，比让他们了解相关知识更重要。

不要把书搁在房间里，希望孩子自己发现并阅读它们。但以这种方式处理准青春期孩子疑问的父母，竟然多得难以置信。正如鲍勃·塞尔弗斯通写道："把书搁在孩子所见之处，并不意味着孩子们会 a) 读它们，b) 理解它们，或者 c) 会记住且不需要再讨论。"这样做，只是强化了你真的不想和他们谈论性问题的信号。

那你该怎么办？记住，你的孩子肯定有问题或担忧，他们可能只是不知道怎样向你提出来。这是需要你主动去做的工作。

像本书描写的所有其他年龄的情况一样，最好的办法是寻找适合的可教时刻。用电视上的内容讨论你的性价值观，"你认为玛丽应该和那个有孩子的男人约会吗？我认为她不应该同他单独待在卧室里。"耐心等待孩子的回答。与谈论真实生活相比，有时候与他们交流虚构的角色更容易些。

当父母与孩子一起在汽车里听一些少男少女的电台节目时，播放的歌曲几乎都包含一些性的信息。当歌曲结束的时候，你可以让孩子说出歌词，讨论一下对这首歌的感觉，然后再说出你对这首歌的看法。还可以与他们分享你在这个年龄时唱的一些歌曲的歌词。记得滚石乐队那首"我得不到满足"（I Can't Get No Satisfaction）吗？或者等待一个与性有关的新闻故事，与孩子谈谈你对此的认识与价值观。

开车带孩子和他们的朋友出去玩，是洞察少男少女问题的有趣的机会。她们很乐意坐在车子后座讨论问题，我感到很惊讶，仿佛坐在前边的我是个聋子！它是一个了解孩子们真正在想些什么以及确认将

有一些准青春期孩子从来不问性的问题,但其实他们很想了解,只是可能感到害羞或者不知道如何提出来。也许你曾在不经意间告诉过他们,不愿意讨论这个话题。这是需要你主动去做的工作。最好的办法是寻找适合的可教时刻,如用电视上的内容来讨论,并耐心等待孩子的回答。

来与他们讨论什么问题的好办法。我也发现，在我们家，睡前谈论重要问题比放学后谈要更容易些。

有人发现了一些很不错的方法，比如让准青春期的孩子向更小的弟弟妹妹们解释一些事情。"我不知道，苏，你能否帮我为你的小弟弟谈谈关于卡洛琳娜婶婶怀孕的事儿？"或者说，"今晚我想和大卫谈谈艾滋病的事情，你能帮我一下吗？"以这种方式，让你的孩子知道，他们在这方面是有一定知识的。你给了他们一个既能保全面子、又能讲述自己所知所想的机会。对于纠正他们已有的错误信息，这是一种绝佳的方式；同时还能让他们知道，在家里，这些话题是可以讨论的。

另一种方法是，在成人讨论某些与性相关的问题时，让孩子也在场。让孩子听听有关性骚扰的讨论，让他们知道，你觉得他们已经长大了，足以面对这些话题了。邀请孩子发表意见，让他们知道，你重视且尊重他们的想法。这会让他们明白，成人也需要解决很多与性相关的问题。

但是，在这之前，你是否从未与孩子讨论过这些问题？尽管我坚持认为性教育应该从婴儿开始，但我也相信任何时候开始都不算晚。比如在今天晚餐时，你就可以开始，先深吸一口气，说："宝贝，我现在在读一本与孩子谈性问题的书，我知道之前我们没有谈过太多，对不起。但是它对我们来说很重要，我希望我们能够逐渐地开始谈谈它。"然后开始等待，你或许会对他们的反应感到吃惊。

手 淫

不管以前你与孩子在一起时如何放得开,有些问题确实很难启齿,手淫就是其中之一。在青春期,许多男孩和女孩为了自娱开始手淫。研究显示,15 岁以下的孩子中,大约 3/4 的男孩和约半数的女孩都有过手淫。不像我们在前面章节谈到过的,年幼的孩子触摸性器官更多的是出于偶然,而这个年龄段的孩子更多的是在寻求性高潮和快乐。手淫常常是青年人——有时候是成年人——体验性高潮或射精的最常用的方法。

男孩在青春期似乎特别爱手淫。许多父母常常打电话给我,担心他们的儿子太长时间待在洗澡间或自己的卧室里。我曾教过一些青春期男孩,他们总是担心自己的手淫太过频繁,也不知道自己的手淫欲望是否正常。女孩们也会遇到类似问题。

我的同事索尔·高顿(Sol Gordon)曾教我这么回答,"你认为多少是太多?","如果你不喜欢,一次就够了。"当手淫妨碍了孩子的在校学习、家庭作业、朋友交往或在家的生活,那次数就太多了。此外,手淫的频率是高度个人化的事情,有些成人每天手淫,有些人一年一次,有些人从不手淫。事实上,孩子们需要知道的是:虽然许多准青春期孩子、青春期孩子和成人都手淫,但有些人的确从来不这样做;如果他们为自己的这种行为感到担忧,可以和父母或其他信任的大人谈谈。

有些家庭反对手淫。如果你也是这么认为的,那么把你的感觉和价值观与准青春期孩子沟通,这很重要。然而,我没见过任何研究数

据显示，禁止手淫的规定能够终止这种行为的进行，虽然这种规定可能增加他们的罪恶感。每一个青少年都应该知道：事实上，没有证据显示手淫会引起身体或精神上的损害。

男孩和女孩"一起出去"

当然，青少年们不仅对自己的性感兴趣，也开始探究与异性建立第一次关系，一些孩子开始与他人尝试性行为。

今天的青少年不再约会，他们不喜欢稳定的关系，而是喜欢"一起出去"。最早的，在五年级时就开始"一起出去"了。中学时期似乎是"一起出去"的普遍开始阶段。如果你的中学从五年级算起，"一起出去"就从五年级开始；如果你的中学从七年级开始，那么那会儿就是你们开始"一起出去"的时间。

"一起出去"意味着什么？它或许与约会很不一样，它意味着你告诉朋友——你喜欢他们，他们也告诉别人，他们喜欢或者不喜欢你。如果答案是"喜欢"，那么你们就"一起出去"了。

大多数时候，"一起出去"并没有太多的意味，只是对将来少男少女浪漫关系的一次彩排，它不意味着出去约会。一位朋友曾分享了与她12岁女儿的一次有趣的对话，妈妈问"一起出去，是要去哪？"而这对两小无猜的孩子还没有"会去向哪里"的概念。对准青春期孩子来说，"一起出去"意味着在学校的每个人都知道你们是男朋友和女朋友，你们会在学校的舞会上一块儿跳舞。它不意味着约会，到彼此的家里去，或者尝试比接吻更多的性行为。一般来说，它可能不会超出煲电话粥和在楼道里交换便条的范围。

与你的孩子谈谈他们中学里比较普遍的情况。他们同班同学有"一起出去"的吗?你的孩子曾经同某个人"一起出去"过吗?想与某个人"一起出去"吗?从全国范围看,大约有一半的12~14岁的青年人都处在恋爱关系之中。

你或许会惊讶地发现,许多中学生认为不告诉父母他们与某人"一起出去"会更好一些。有些女孩告诉我,"我的父母会禁止。"有些男孩告诉我,"我爸爸会开我的玩笑。"有些父母告诉我,这是孩子的私人事情,没他们父母的事儿。

但是我认为这是个重要的讨论区域。它给你提供了一个机会,使你成为准青春期孩子生活的一部分,并与孩子谈谈他们的感情。许多这个年龄的孩子担心自己没有同伴与他"一起出去",而另一些孩子交男朋友或女朋友却是因为同伴的压力。

我一位朋友的女儿在七年级还没有男朋友,她为此是相当的着急。而另一个朋友则为他的儿子担忧,因为他似乎每周都要换女朋友。确实,这些关系常常是非常短暂。

父母常常担心孩子们的这种第一次关系,担心他们可能会尝试性行为,一些父母真的会因此而不让孩子"一起出去"。一般来说,我认为这些关系大部分是无害的,是孩子安全尝试浪漫感情的一种方式。由于他们一般不局限在学校里活动,禁止他们是不可能奏效的。那样做的结果只能是让孩子背着父母做事——这并非是父母与准青春期孩子建立成功关系的良好基础。

虽然许多这种"一起出去"的关系,更多是在表明其男女朋友的身份,而没有其他更多的意思,但对于其中的一些准青春期孩子来说,它们可能就是初恋。曾经我教过的一个班里的孩子们忧虑地说起宝妮

和迈克斯，他们是班里唯一一对真正的恋人。当我问这意味着什么时，一位学生告诉我，宝妮和迈克斯每天放学后都要在一起，每天晚上打电话，他们在卧室里甚至藏了袖珍电话，以便他们在睡觉时还能听到对方。（当我修改完这一章时，宝妮与迈克斯的关系已经破裂了。）

有关爱的要点（准青春期）

▷ 爱有多种表达方式。
▷ 自爱会强化相爱的关系。
▷ 人们能够给予爱和接受爱。
▷ 爱与性涉入或性吸引是不同的。
▷ 恋爱的感觉不同于那些持续的关系。
▷ 在一个成熟的爱的关系里，人们鼓励对方发展自己。
▷ 初恋常常是生命最强烈的体验之一。
▷ 爱是一个难以界定的概念。
▷ 确切知道你是否恋爱了，是比较困难的。

在调查中和在班级里比较常见的一个问题是，大多数准青春期孩子和青少年最想确定的是"我是否在恋爱？"，希望我能帮助他们。初恋既可能是愉悦的，也可能是担惊受怕的，它也是消耗精力的。你的孩子可能花数小时做白日梦，或者同男朋友或女朋友煲电话粥。

在你进一步往下读之前，请你闭上眼睛想一想自己的初恋。他（她）叫什么名字？当他（她）叫你的时候，对你微笑的时候，拉你手的时候，你觉得他（她）怎么样？当有成人不认真对待你们，或把这个最重要的特殊关系叫作"早恋"的时候，你是什么感觉？有没有单恋上某个人？那是什么感觉？

我们许多人都记得那种相当强烈的感觉。对大多数人来说，初恋可能是他们生命中最令人陶醉的、最具消耗性的爱。肯定，它也是不能忘怀的一次爱。我喜欢对我的听众说，虽然我的婚姻已经幸福地走过了近二十年，但我还从来没有像对待我的初恋那样，在餐巾上千百次地写下对方的名字。我的初恋朋友在看到本书的第一版以后，曾联系过我。

如果孩子恋爱了，认真对待他们的感情非常重要——就像分享你的价值观和设定规矩一样重要。这是强调感情与行为不同的合适时机。问问孩子们是否想听你的初恋。对于12岁的孩子来说，一定要让他们知道，哪些行为是可以接受的、哪些是不能接受的。帮助他们理解，恋爱只是异性关系的一部分，异性关系还包括信任、亲密和友谊。

帮助他们区分不成熟的爱与成熟的爱之间的区别。索尔·高顿曾告诫："对你来说，成熟的爱是，你关心别人比让别人关心你更重要；这种关系是相互促进的、蓬勃向上的。不成熟的爱是，对你来说，别人关心你比你关心别人更重要，你的爱是其他人的一种负担，与你恋爱的状态让人感觉筋疲力尽。"换句话说，当你处在成熟的恋爱中时，你会感觉棒极了，你对世界满怀友善；当它是不成熟的爱时，你会觉得困扰、沮丧，对周围的每个人都很暴躁。青少年们（事实上，还有许多成人）对这两种爱都会有所经历。

把孩子的热恋和初恋当作一个机会，与他们谈谈你的性行为价值观和对现在青少年的一些看法，与他们解释爱与性是不同的，它们往往会同时到来，但也不总是如此。

许多准青春期的孩子只是接吻，而初吻是令人震颤的。记得"旋

转的瓶子"的游戏吗？它仍然是那些少年初次晚会的主要部分，但是浪漫的吻通常是为男朋友和女朋友保留的。如果你的孩子与某个异性出去了，他们现在可能正在接吻。

但是也有少数准青春期孩子做得比接吻更深入。以下的事实可能令你惊讶：

◎ 在13岁和13岁以下的孩子中，有73%的女孩和66%的男孩接过吻。

◎ 20%的13岁男孩摸过女孩的乳房，这个年龄25%的女孩的乳房被摸过。

◎ 这个年龄23%的男孩和18%的女孩抚弄过对方的生殖器。

◎ 7%的孩子有过性交行为。自从1991年以来，这个数字一直在稳步下降。

在中学里，一直有很多关于口交的故事，这让家长们担忧不止。我曾接到过家长和报社的电话，他们咨询如果孩子们在犹太成人礼的派对上或在校车上发生口交时，该怎么办。事实上，关于这个问题，几乎没有任何调查研究显示，它真的发生了或是普遍现象，所以故事只不过是故事。全国性的调研并没有问过中学生，"你是否接受过或进行过口交？"，这点并不奇怪。很难想象有哪所中学会允许研究人员询问这样的问题。在近期对市区青少年的一项研究中，只有3%的12~14岁的处女表示她们有过口交的行为。在另一项对参加了宗教团体的青少年调查中，在九、十年级的学生中，11%的男生与14%的女生有过口交行为，但没有过阴道性交。据青少年自己的交流与文章记录显示，中学里的口交大多是女孩给男孩口交，而不是男孩给女孩口交。

我觉得媒体报道言过其实了，有些耸人听闻。坦白地讲，我仍记得我读八年级时，在班里给人口交的那个女生的名字。我的感觉是，对几乎所有小学高年级的学生来说，口交可能依然是"恶心的"；在读中学的青少年中，有不到 20% 的人参与过口交。参与这些行为的青少年，与那些开始性交行为的青少年可能是同一批人：他们感受不到与父母、学校及朋友的联结，所以尝试着把性作为感受力量与联结的一种方式。

事实上，对于孩子是否能够开展成熟的性行为，父母起着决定性的作用。父母直接告诉孩子有关节欲的重要性，对这个年龄段的孩子来说至关重要。一项对 7 年级 ~ 12 年级青少年的全国性调查的研究结果显示：(1) 父母不赞成青少年的性行为，与青少年能保持节欲密切相关；(2) 与第一次性行为的延迟更密切相关的是，青少年感受到自己与父母和家庭有着强大的联结——他们相信父母爱他们、关心他们。事实上，那些和父母很亲近的青少年，更有可能推迟性交行为，会有较少的性伙伴。与那些和父母不太亲近的青少年相比，他们在发生性行为时通常会使用避孕用品。

为准青春期和青春期的孩子设置约会的规矩，是父母的职责。太多的父母因鼓励孩子走向独立，而不去管他们的约会问题。事实上，父母需要决定孩子什么时候、是否可以以及在什么环境下可以约会。一些专家认为，16 岁以下的青少年开始稳定的、一对一的约会是不太合适的。我们知道，早约会比晚约会更可能导致较早的性体验。也有些人认为这种类似于约会的排练是无害的，但父母也应为孩子设定一个限度，比如"你下午可以去看电影，但是我开车去接你回来。"

你需要向孩子明确，什么行为是在允许范围内的。起关键作用的是父母实际的监督与管理行为，而不是对孩子设定的具体限制。被父母密切关心的青少年第一次性交的年龄可能大一点，性伙伴较少，性交时更有可能使用避孕用品。然而，管得太严，也可能事与愿违。一些研究认为"禁止"的方法并不起作用，有着"非常严厉"父母的少女更有可能怀孕。关键是要了解孩子的生活，并向孩子说出你对他们的期望。

当孩子从群体或单独约会中回来的时候，一定要和他们谈谈。向孩子问一些开放性的问题，比如"你们约会中最有趣的是什么？"或者"他（她）怎么样啊？"（12岁的孩子通常会喃喃地回答，"很好"，"还可以"，"无聊透了"等。）不要进行妄断，你越懂得倾听，你的孩子就越想和你交流。

虽然对孩子约会设定的限度，因每个家庭的价值观不同而有所差别，但我真的希望与你分享我的一个建议，这背后有大量科学文献做支撑。这个建议是：中学生"一起出去"或约会的对象，不应该比他（她）大两岁以上。这个建议背后的研究支撑非常清楚：约会年长的青少年（有时候还可能是成年人或不正常的人），他们卷入高风险行为的可能性更大，如酗酒、吸毒、过性生活甚至怀孕等。想想最近发生的怀孕女教师和她八年级学生的新闻故事吧！要明确知道孩子与谁一起出去，在事情发生之前，就要让孩子了解：不能和比他们大几岁的异性出去交往。

父母也需要与孩子谈谈节欲问题。准青春期孩子应该知道你对性交的看法，以及你对他们行为的期望。他们应该了解，节欲是防止怀孕和性传染病的100%有效的办法，哪些行为是这个年龄不合适做的。

对大多数父母来说，那意味着停止接吻和拉手。

不论你对婚前性关系的观点是什么，我都不能想象一位单身父母或专业人士会认为，还处于中学阶段的十几岁的孩子会为成熟的性关系（包括性交）做好了准备。事实证明：开始性交的时间越早，她（他）使用生育控制的可能性就越小，由此怀孕的可能性就越大；她（他）越可能在青少年期有多个性伙伴；如果她是一个女孩，她的伙伴就越有可能是个明显的年长者。在十一二岁就怀孕的少女中，导致她们怀孕的人——孩子的父亲，平均来说，都比她们大10岁。

要清楚地告诉孩子你的性交价值观——

孩子，对从性交角度看，你们的年龄还太小了。我们家认为要等到你结婚，或读大学，或等你可以享受一段成熟的恋爱关系时，或等到你成年了，性交才比较合适。我希望等你建立了恋爱关系的时候，我们再多谈谈这个话题。

但是，有关节欲的话题，父母还需要与孩子谈谈生育控制和性传染病。如今，准青春期孩子们通过学校学习到一些关于避孕和性传染病的防护信息，还是非常必要的。他们需要了解怀孕、性传染病和艾滋病。

现在，你可能在想，我们孩子的学校教这些吗？学校可能会教，但是在美国的大部分地区，是直到高中才把宣传的注意力放在有关生育控制和性传染病的防护上。虽然你的孩子可能知道一些相关知识，但是以我的经验，他们了解的常常是肤浅的。的确，孩子们是听着有关避孕和艾滋病长大的，但是他们可能并不知道实际上要怎样保护自己，以及怎样防止怀孕和疾病等。

父母们经常问我,在主张孩子节欲的同时,又让他们了解一些避孕知识和避孕套的使用方法,这是否会让他们觉得有些自相矛盾呢?我的回答是,一直以来,孩子们都在接受这种双重信息。例如,小时候你一直强调在天气晴朗时要多去户外活动,多晒晒太阳,但一定要用防晒霜。这是双重信息吧?几年后,你又告诉孩子开车需谨慎,但是也要系上安全带。这是双重信息吧?你告诉他们不要喝酒,如果喝了酒,就不要开车。这也是双重信息吧?

请告诉孩子,你希望他们依照家庭价值观,在高中、大学,或在结婚前节欲。我很清楚,我不想让我儿子和女儿过早地涉入性交。我向艾丽莎传递了非常明确的信息,性交是成人的行为,它不应该是高中约会关系的一部分。但是我也告诉她我爱她,关心她的健康和未来,如果她在某些方面上有不同决定的话,我要确定的是她会保护好自己和她的伙伴。

这个年龄的孩子需要了解一些关于怎样避孕和怎样使用避孕套的基本知识。他们需要了解:虽然有许多不同的方法都可以避孕,但是只有乳胶和聚氨酯避孕套才能够提供有效保护,可以防止性传染病;有些避孕方式得去拜访健康保健的专业人士,需要得到一个处方(避孕丸、诺普兰、节育环、节育隔膜与子宫帽);而另一些不需要处方的避孕用品可以在药店、超市或便利店购买(避孕套、避孕泡沫、避孕凝胶和避孕栓剂)。他们需要知道,每种避孕方法各有优缺点,没有百分之百有效的避孕方法。

他们也需要了解一些关于性传染病的基本知识。正如我在本书最后指出的,你可以假定他们肯定听过有关艾滋病的事情。孩子们需要知道:(1)有些病是通过无保护的性接触传染的,比如性交和口交;

最重要的是，让孩子知道：性交是一个需要郑重思考的成人决定；父母希望他们在开始考虑这件事时就来告诉爸爸妈妈，父母会帮助他们一起来思考这个决定；无论如何，爸爸妈妈都会一直关爱他们。

（2）节欲是防止性传染病的最好的保护方法，而避孕套只是提供了一定保护的避孕方法；（3）你不会从厕所的马桶座上被传染上性病，但却可能因为亲吻正患有唇疱疹的某人，或是通过口腔—生殖器接触而患上疱疹。

准青春期预防性传染病和艾滋病的要点

▷ 性传染病有很多类型。

▷ 性传染病包括淋病、梅毒、艾滋病、衣原体、尖锐湿疣和疱疹。

▷ 有艾滋病意味着艾滋病毒对身体的损害已经足够大，而且还会引发其他的严重疾病。

▷ 口交能够传播性传染疾病，包括艾滋病。

但是我想最重要的是，孩子们需要知道——父母希望他们在开始考虑性交时就来告诉爸爸妈妈，父母会帮助他们思考这个决定。让孩子了解父母对于婚前性生活的价值观，但也一定要让他们知道，当他们忽视了自己需要郑重思考的这个决定时，还有父母在关爱着他们。如果他们不能或不愿与父母说这些，可以与他们信任的其他成年人，如家庭的朋友、叔叔、婶婶、牧师或犹太教的学者谈谈。向孩子强调，这是一个成人的决定，如果他们真的准备做的话，需要一个成年人帮助参考一下。（关于青少年的性行为，我在本书的续集《巧谈：家长指南之养育性健康的青少年》中进行了更加深入的讨论。）

> **准青春期的节欲要点**
> ▷ 青少年在性关系方面（包括性交）还不够成熟。
> ▷ 不性交是预防怀孕和性传染病（包括艾滋病）的最好办法。
> ▷ "一起出去"的孩子需要与他的男朋友或女朋友讨论一下性行为的界限。
> ▷ 对于准青春期和青春期的孩子来说，节欲有很多好处。

"妈妈，我想我是个同性恋"

并非所有的准青春期孩子都对异性感兴趣，很简单，一些孩子身心还没有发展到那种程度，所以他们对约会或异性关系还不感兴趣；而另一些孩子在这个阶段则开始体验到被同性吸引的感觉。

根据明尼苏达大学心理学家格瑞·瑞马费迪（Gary Remafedi）的研究，在 12 岁的孩子中，有 1/4 以上的表示他们不能确定自己的性取向。如今，随着男女同性恋形象更多地出现在公众视野中，许多青少年出现了同性恋和双性恋问题。有相当数量的青少年不明白他们自己在这方面到底是怎么回事。

性取向通常出现在少年时代。到 18 岁时，95% 的青少年已经确定了他们的性取向。研究显示，大多数男女同性恋者到 20 岁才第一次有与同性的性经验。大多数成年男同性恋者表示，尽管他们大多数要到成年早期才表现出自己的性取向，或才与别人分享他们的性取向，但早在儿童时代他们就开始有了异样的感觉。

男同性恋或女同性恋，和一个不能确定自己性取向的青少年还是有一些不同。在准青春期和青春期孩子中，被同性的人吸引，或热恋上某位同性老师或教练，甚至与某个同性朋友尝试性行为都是常见的，但这些并不意味着他们是真的同性恋者。而有一些青少年的确是同性恋者。

那么，当你的孩子说"妈妈（爸爸），我想我是一个同性恋"时，你怎么回答呢？

首先，深呼吸一下，你可能会感到很突然，或许会有些害怕、困惑、担忧，有些心烦意乱。我知道的一对最开明的异性恋父母曾说，他们第一次回答孩子提出的这个问题时，还是很糊涂的。一位妇女惊讶于自己当时的反应，"我们有男同性恋朋友，还曾在男同性恋游行队伍中行进，为什么我听了孩子的这种话后，还是觉得失望呢？"可想而知，当父母有强烈的宗教或政治意识时，他们一定会面临更多的困难和挑战。

其次，回忆一下什么是性取向。我在学龄前儿童那章（第三章）曾为性取向下过定义。性取向比性行为广义得多，它指你是否与同性或异性恋爱，被他（她）吸引，对他（她）有性幻想或有过约会行为。了解这一点是很重要的，因为作为一名成年人，我们感觉到性吸引或坠入恋爱并不是一种主动选择或是一种偏好，它是一种取向，是我们身体的一部分，就像我们是高或矮，使用左手还是使用右手一样。人为什么会有独特的性取向？在这方面已经有过许多研究，但真的没有人知道确切答案。一些科学家认为它是遗传的或基于父母的荷尔蒙，另一些科学家认为它是心理因素和生理因素的结合，还有科学家认为它是所有这些因素综合的结果。

再者，对于同性恋，请了解你的孩子到底知道些什么，以及他们为什么觉得自己是同性恋。你可以说，"你为什么会这么想呢？"或者说，"你对同性恋都知道些什么呢？"父母要真正尝试倾听他们的回答，不要匆匆忙忙地说"你太小，还不能说那个"，或者说一些更糟糕的话，比如"我们永远不会接受那个"。你可以告诉他们，许多青少年都有这样的感觉，但是大多数人会等到再长大一点之后，才真正知道自己的性取向。

最重要的是，必须让你的孩子知道，不论怎样你都爱他（她）。所有的孩子都需要父母无条件的爱、支持和接纳。如果在青少年早期，孩子就发现自己是同性恋，他们需要知道得比这更多一些。

你需要判断下一步该做些什么。孩子想继续这个谈话吗？或者想等某个时候再考虑这个问题？他们是困惑、害怕还是快乐地告诉你这些重要的事情？他们需要更多的帮助吗？当你面对这些问题时，一些辅导对你和孩子是有帮助的。但是，根据美国心理学会的研究，辅导不能改变一个人的性取向。为了改变孩子的性取向而带他（她）到辅导老师那里，是不起作用的，但是辅导会帮助你和孩子应对这些情况。

身体形象、外貌与饮食

某种程度上，几乎所有的准青春期孩子都被他们的外貌所困扰。他们不仅担心身体是否正常，也困扰于他们的服装、头发和皮肤。一个青春痘就会毁掉整整一天的心情，一个剪坏的发型就可能是待在家里、不去上学的充足理由。穿着得体的衣服，反映出他渴望在同伴群体中获得身份地位的心理和社会需求。

我女儿艾丽莎在六年级的时候，只穿松散的棉绒T恤衫和宽松的牛仔，尽管她的衣柜里有其他规整的衣服。我问她能否穿整齐一点的衣服，她这样总结学校的通行做法，"妈妈，我们学校里有3种风格：笨笨的，傻傻的，邋里邋遢的。你不喜欢我邋里邋遢的吗？"既然她这么说，我还能争辩什么？

请记住，通过着装风格，准青春期孩子在向世界宣布他们的社会地位和自己正在长大的方式。回想一下你自己在少年时代是怎样穿衣服的？是短肥宽松的牛仔裤比紧身裤更令人讨厌呢，还是不系胸罩、穿着宽松的衬衫更招人反感呢？你曾因为你的头发和超短裙的长度与父母斗争过吗？你儿子的耳环和紫头发真的比你少年时的非洲头和马尾辫更坏吗？（你因为长大而摒弃了少年时的这些习惯吗？或者今天你仍然穿着它们去工作？我们这一代，在"婴儿生育高峰期"出生的人，几乎没什么理由为若隐若现的露脐装而担心吧？即便我们不喜欢它们的款式！）

关键在于，衣服和音乐是准青春期孩子表达自己和他们亚文化的方式。坦率地说，没有人期望我们成人会去喜欢它、接受它。就像与学步儿相处一样，我们需要有选择地做斗争，你不会希望时时刻刻都与孩子在争吵。你应该决定你的标准是什么，与孩子沟通你能够接受的服装、外貌和行为的范围。在我们家里，我会让艾丽莎和格雷戈里都知道，在他们18岁之前，他们不可以让身体做出任何永久性的改变：只能穿一个耳洞（但是粘贴式耳环和假肚脐环是可以的），不允许有永久性的文身（但是临时性的文身贴或指甲花染料是可以的），不允许永久性的染头发（但是涂染发膏可以）。如果有人决定剃光他们的头发，这可能让人有点难以接受，但我会提醒自己它是暂时的，我会咬着牙、忍受它——直到下一个流行风格来临！事实上，我总是尽我所能真诚地赞美我女儿光亮的蓝指甲、假刺青和假的珠宝首饰。

我仅有的一项限制，与具有明显的性挑逗意味的衣服和鞋子有关。我的同事和朋友鲍勃·塞尔弗斯通写道："对青少年来说，弄清好看的和性感的界限通常是困难的。青少年会通过穿着和行为的'性感'来寻求注意，直到他们的自我感觉更成熟一些。"我有时候被中学生的装着打扮吓到，一些女孩穿着超短裙，穿着可以看到内衣的露脐衬衫，踩着高跟凉鞋，画着很浓的眼妆。这些早熟的性感姑娘向成人传递的信息可能是无意的，但是实在太真切。

与孩子谈谈他们希望别人从他们的外貌中得到哪些信息，希望向老师和祖父母这样的重要成人传递什么风格的信息。"你认为，那个带着鼻环和腮环的男孩打算向成年人展示什么呢？"问他们自己，想用自己的外貌传递哪些信息。

喊叫或催促"快改吧"或"现在就脱掉它"，不能帮助孩子学会做出合适的决定，也不能改进你们的关系。试着不以长篇大论的方式与孩子谈话吧，并努力达成和解。比如，你厌恶儿子穿又短又肥的牛仔裤，但它可能是无害的，一种可能的和解是：他有两条这样的裤子，可以穿到学校去；但是到教堂和去看望祖父母时，要穿灯芯绒或卡其裤子。

准青春期和青春期孩子对衣服的关注，实际是对得体的仪态和外表的关注。在准青春期期间，让他们感受到自己的魅力是很困难的。他们总是被诸如年轻貌美、性感苗条的媒体形象狂轰滥炸，可能不知道自己的外表看起来距离媒体上的完美形象有多么遥远。皮肤问题、笨拙的仪态和肥胖的身体正宣示着青春期的到来。

请尽量帮助你的孩子，让他（她）在青春期尽可能感觉到自己的

几乎所有的准青春期孩子都被他们的外貌所困扰,请尽量帮助他们感受到自己的吸引力。同时也要提醒孩子,在生活中,外貌不如性格、智力、爱和友谊那么重要。

吸引力。当我看到我七年级矮胖的照片时,我不禁想,要是换一个好看一点的发型和一副更有吸引力的眼镜,自己会不会显得与众不同。如果孩子的皮肤有问题,你也能负担得起的话,请考虑带孩子看皮肤科医生,除了青春期粉刺这种最坏情况,其他的他都能解决。鼓励你的孩子保持健康的生活习惯,比如有规律的淋浴和洗头,这不仅有益于外貌,也能防止身体出现异味。

为孩子买衣服时,要尽你所能,考虑他们的同学能否接受。让他做一些家务,挣120美元去买他们认为自己必须得有的网球鞋,或帮他们找个差事,如儿童保姆、修割草坪或为邻居做工。在1小时挣5美元的情况下,他们会认识到钱的价值,这样既有人完成了家务,还能让他们认识到那些衣服不值那些钱!

而且要提醒这个年龄的孩子,在生活中,外貌不如性格、智力、爱和友谊那么重要。让孩子知道,虽然他们不能改变如此迅猛发展的青春期,但是他们可以努力发展自己的思想、行为方式和交友技能。

遗憾的是,青少年对外貌的关注延伸到了饮食,暴饮暴食,更严重的是饮食没有规律。联邦基金会(The Commonwealth Fund)在1997年对准青春期女孩进行了研究,结果令人难以置信,竟然有39%的5年级~8年级女孩说她们一直在节食,更可怕的是,有13%的女孩说她们在无节制地使用泻药;在这些使用泻药的女孩中,有36%的说她们每天至少吃一次,11%说她们一周吃几次。男孩也会饮食失调,开始关心起自己的声调和"皮肤"。

关键是要让孩子对健康营养和身体形象有正确的认识。饮食失调通常是身体形象差与自卑引发的结果,有时是因为父母和青少年子女之间的控制问题。如果你怀疑自己的准青春期孩子在严重节食或无节

制地吃和催泻，那么你和他们都需要专家的帮助。而且几乎所有的准青春期孩子在接受和认可自己的身体形象方面都需要帮助。

想一想自己对孩子饮食方面的影响是正面还是负面吧。如果父母不断地节食减肥，那么你们传递给孩子的有关身体形象方面的信息就不是健康的。特别是许多女孩，在其成长的家庭环境中，母亲向她们传达了这样的信息：女人的价值在某种程度上取决于她有多瘦。当你贬低自己的外貌或体形时，你树立的模式是，就算不喜欢自己也没有关系。出于某种原因，平均来说，白人女孩比非裔和拉丁美裔女孩更关心营养学家所谓的"注重苗条"问题。在某些家庭中，男人也可能迷上健身、腹肌秀、节食和跑马拉松。要让孩子们知道，一个人的外貌是由遗传、后天环境和健康习惯综合决定的。他们虽然改变不了自己的身高，或继承爱丽丝阿姨结实的小腿，但能理智饮食、规律锻炼。要提醒孩子们，即将到来的青春期是一个身体发生巨大变化的时期，几年以后，他们或许会更满意自己的身体。

要承认，孩子对自己外貌和身体的感觉很重要。让他们知道你曾经有一阵子也对自己的模样不太满意，他们会由此得到些安慰。与孩子谈谈，对一个人来说，什么才是真正重要的，也会有所帮助。在准青春期，不管是男孩还是女孩，如果因体重问题而遭到调侃和批评，或在这方面缺乏自尊，都很可能发生饮食失调的问题。所以请不要调侃或批评你孩子的外貌，一定不要唠叨他们的食物和吃喝。

与因节食过瘦的孩子相反，有不少准青春期超重的孩子。根据美国卫生与公众服务部（The U.S. Department of Health and Human Services）的资料，有14%的准青春期孩子超重。对这个年龄的孩子来说，身体过重是很难受的。父母对准青春期小胖子的反应可能决定了这个孩子是接受自我或自己的身体，还是终生与食物和自我厌恶做斗争。重要的是，对于讲究身材的父母来说，需要了解的是，在青春期人的体重会有所增加。事实上，有些人的体型就是比较大，要紧的是帮助孩子去了解体型大小和健康饮食之间的差别。你的大个儿孩子或许从来不算瘦，但他（她）能健康饮食并有规律地锻炼。身体好与体型瘦未必是一回事。如果你担心孩子的体重超乎寻常，请在让孩子节食之前，先与营养师或儿科医生谈一谈。

我的同事毛瑞恩·凯利（Maureen Kelly）说：你决不应该对一个超重的少年或成人说"你有一张这么漂亮的脸，可惜太胖了"。绝不要在孩子的体重和自我价值之间建立联系，绝不要说类似"如果你减点肥，对自己感觉会好得多"之类的话。要帮助你的孩子，让他们觉得自己有吸引力，并设法帮他们找与自己朋友穿得一样的衣服。毛瑞恩在2003年的一篇文章中写道："永远、永远、永远不要说任何支持狭隘健康概念的话，比如这样的表述'但是，我确定她有内在美'，这会让你努力教导的一切土崩瓦解。"

国家饮食失调症组织（The National Eating Disorder Organization）已经制定了帮助父母预防孩子饮食失调的一览表。它包括：

◎ 避免对自己的身体和饮食进行负面陈述。

◎ 在身体形态和体重方面，认识你自己和孩子的遗传基础，让他们理解在青春期体重增加是正常的和必要的。

◎ 认真对待孩子所说的、所感的和所做的，而不是光看他们的外表如何。

◎ 详细调查你孩子的学校在课程中怎样描述妇女的形象，看是否存在着加强"苗条神话"的海报、书籍或竞赛。

◎ 让孩子确切地知道身体形态与个性、价值之间没有关系。不允许他们使用如"胖猪"、"大肚汉"或"大粗腿"这样的短语。

◎ 引导孩子了解节食的危险性,以及适度锻炼的价值和营养饮食的重要性。不要把食品简单地一分为二:好的／安全的食品和坏的／危险的食品。

◎ 鼓励孩子进行体育活动,享受自己身体能做的事情并且喜欢它。

◎ 不要把食物当作惩罚或奖赏。在家庭就餐时保持友好、放松的氛围。

有关身体形象的要点(准青春期)

▷ 一个人的外貌是由遗传、环境和健康习惯决定的。
▷ 身体外貌主要取决于从父母和祖父母辈继承来的基因。
▷ 媒体会描绘"帅哥美女",但大多数人不符合那些形象。
▷ 美的标准依时间和文化的不同而有所变化。
▷ 一个人的价值不是由他的外表决定的。
▷ 饮食失调是不良身体形象的一个后果。

少男少女杂志

许多人认为,那些围绕在少男少女身边的媒体形象,是造成他们不良身体形象的原因之一。为少男少女写的杂志就是合适的吗?错了。这些杂志有像"17岁"、"现代青年"、"青少年"这样的名字,他们假定的读者对象是13～17岁的少女,有许多中学的女孩热心地阅读它们。一项研究发现,几乎2/3的中学女孩都看这些时尚杂志;在看这些杂志的女孩中,有3/4的表示它们是自己获得时尚和美丽标准的重要来源。少男们喜欢看《运动画报》(特别是那些穿泳装的内容),甚至《男性健康》、《绅士季刊》等刊物。

这些杂志常常包含一些不适合12岁以下孩子阅读的文章。我最近到街头的书摊和报亭看了看,这些文章包括《性美丽的秘密》、《将弯男掰直的终极指南》和《你需要知道的关于男孩的10条真相》等等。许多父母担心这些杂志会把一些观念灌输到孩子们的头脑中,使他们可能尝试成人的行为。另外,不少父母像我一样,担心它们总是强调要吸引异性朋友,总是没完没了地刊载那些穿着暴露的厌食模样的年轻模特的广告。

我来告诉你最近我接到的一个好朋友的电话吧,她有个12岁的女儿。她说:"金柏莉在看《现代青年》,这一期上有一篇很长的关于避孕的文章。这对她来说完全没有必要,我害怕这会让她知道一些事情。"我问她:"什么事情?"她回答:"她会想着发生性关系,因为她可以用避孕的方法。"在我告诉她诸多不可能的原因后,她觉得有道理,就不再说什么了。最后,她承认"人们不会为了试验避孕而发生性关系"。

但是她的担心正是许多父母也会担心的问题——与孩子谈论性或让他们接触那些信息,会不会造成他们去尝试?答案是响亮的"不!"。超过二十年的大量研究都表明,进行性教育不会导致青少年发生性关系。虽然我不了解有关准青春期杂志与性活动之间关系的研究,但是我相当肯定,它们之间没有相关性。最坏的情况是,你的孩子可能回避一篇有关性的文章,跳过它或觉得它很傻;最好的情况是,在他们长大后面对约会时会想起曾经读过的某些内容。

想一想你自己吧。当你看到一本杂志上有一篇跟你没有关系的文章时，你会怎么做？最可能的情况是你跳过不读它，或者你读它只是为了了解其他人的事情。我有好多年都跳过那些关于更年期的文章，因为它们不适合我，可是现在我全都会看！

其他一些人，特别是像我这样放弃了《魅惑》杂志的人，担心这些杂志向女孩们传递出极度性感的形象信息。的确，这些杂志上的文章充斥着怎样俘获酷帅的男人，怎样打造正确的妆容与衣着，提倡狭隘的美丽标准。然而，在我为了更新本书而回顾这些杂志时，我有了惊喜的发现：除了刊登一些关于美丽与流行时尚的小建议外，杂志上还有关于营养、应对压力、防范帮派以及与青春期相关的文章。

市面上有很多针对女孩的带有女权主义味道的新的电子杂志，替代了《现代青年》、《17岁》与《摇摆舞》。这些电子杂志包括《青少年之声在线》(*www.teenvoices.com*)、《蓝色牛仔裤在线》(*www.bluejeanonline.com*)与《新月：针对女孩及其梦想的杂志》(*800-381-4743，www.newmoon.org*)。

让孩子去阅读这些合适他们阅读的杂志。坦白讲，我在这一领域也没什么经验。当时是艾丽莎的帕特阿姨给了她一本《青少年》杂志。艾丽莎对这本替代杂志的评价是，"妈妈，你读读吧！"在你女儿9岁时就开始订阅它们，希望她会变成它们忠实的读者。还有一本杂志叫《新月》，我知道一些10岁孩子很喜欢它。也可以请朋友为你的女儿订阅杂志，希望杂志送达时她会去阅读。

准青春期男孩的父母在杂志方面可能会遇到不同的问题：他们的儿子似乎直接从读《男孩生活》(少年杂志)偷偷地转向了看《花花公

子》和《阁楼》（成人杂志）——或是网络上的色情网站。

爸爸，你会给我买《花花公子》吗？

准青春期孩子不仅会对他们自己的身体感到困扰，男孩子还会对女性的身体变得特别好奇。在我教过的一个班级中，我曾要求八年级孩子填写一份关于性关注的匿名问卷。每个男孩都选择"想看裸体的女人"，只有一个女孩选择"想看裸体的男人"。

媒体形象如巨浪般汹涌而来——网络上的音乐电视、色情录像、少年禁看的X级片，还有几乎每个周末在邮件中都很醒目的色情信息。现在的孩子们看半裸身体的机会比他们父母成长的那个时期似乎多得多。与我同龄的许多男士表示，他们会在《国家地理》杂志中搜索女人的胸部照，或是在《纽约时代》杂志中找寻穿内衣的女性照片。我从比我年长几代的男人和女人说，他们那个时代能刊载女人胸罩、裤子或男人短内裤的杂志已经很出格了。这种好奇心是一个人成长的必需和性发展的一部分。

最近我的一个朋友打电话给我，谈论他10岁的儿子斯宾塞。斯宾塞和他爸爸分享了一个秘密：隔壁男孩发现爸爸在阁楼上保存了一堆《花花公子》杂志。他问："爸爸，你的《花花公子》杂志保存在哪里了？"我的朋友回答说，他没有什么《花花公子》杂志。儿子接下来的话令他震惊："那么，爸爸，你可以去给我买一本吗？"我的朋友结结巴巴地说，"没有考虑过这个"，并回绝了儿子。

后来他打电话给我："黛布拉，我不知道该怎么做。请帮帮我！"我请他告诉我他儿子更多的情况，结果是斯宾塞一直都对性问题相当感兴趣。在他 6 岁的时候,他就问过爸爸:"你和妈妈性交吗?"虽然才 10 岁,他已经长出了阴毛,并对女孩发生了兴趣。

我建议他考虑斯宾塞问题的背后可能是什么——斯宾塞有什么裸体成年女性画片或图示吗?回答:没有。你认为斯宾塞看了隔壁人家的《花花公子》杂志吗?回答:也没有。你担心斯宾塞会卷进某些类型的性活动吗?回答:不是。

我认为斯宾塞只是简单地表达了符合他年龄的好奇心而已。他有可能看过色情杂志,但他从未见过一个女人的裸体;他没有读过任何青春期性教育的图书;他也可能从隔壁有经验的男孩那里感觉到了一些端倪,这更刺激了他的好奇。然后我问我的朋友,他在有关色情资料的事情上想传递给儿子什么样的价值观。我建议他和妻子一起讨论一些问题:

◎ 我们怎么看待《花花公子》杂志?
◎ 我们可以舒服自在地为准青春期的孩子提供什么样的情色信息?
◎ 我们觉得在《花花公子》上的女人怎么样?
◎ 家里的性资料如果有裸露的内容,会令我们感到自在吗?
◎ 愿意让别的孩子向我们孩子介绍裸露的性资料吗?
◎ 如果向儿子或女儿提供《花花公子》或《花花小姐》杂志,我们会感到自在吗?

对许多青少年男孩来说,对性杂志裸露内容的兴趣只是反映了他们的好奇心和要做些"长大了"的事情的愿望。事实上,有些父母总会遇到这种情况:一个六七年级孩子的父母,某一天在打扫儿子的房间时,发现一本藏在床垫下的《花花公子》或《妓女》杂志。

这是一个相当经典的"啊，不！现在我该怎么办？"的情形。让我们来看看该怎么办。这是一个好时机，首先父母应该考虑清楚自己对那些性资料的价值观。1/5 的成人说他们过去用过类似性资料。事实上，你或许会感到吃惊，每年从邻近的录像店里租出去的色情录像片有 600 多万份。然而，2/5 的成人却说这种资料属于非法。

我认为成人有权决定自己对这些性资料的态度。然而，我强烈反对这种资料中带有暴力、堕落和带有剥削性的内容，其中若涉及孩子的话，一定要受到谴责。

我认为父母有责任防止未成年的孩子接触这类资料。你的床头柜可不是该留有色情资料的地方，不管那对你是多么方便。书架也不是保存色情影片的好地方，除非你想让邻居的孩子看见它们。我相信青春期早期阶段的孩子尚未做好观看这些影像的准备。

所以，如果你和伴侣想看这些资料，就该讨论下把它们放到哪儿比较安全，让孩子们接触不到。或许在你的家里会有一个保险柜，只有成人知道打开它的密码；或许在放过季衣服的橱柜后面有一个合适的地方；或许过几年你会把它们全扔掉。

但是你也要考虑你希望孩子从这些资料中接受什么样的价值观。当孩子们第一次看见成人的裸体或模特完美舒展的全裸体时，你觉得自在吗？这些照片反映了你想传递给孩子的关于成年男性（女性）关系的价值观吗？杂志里有其他不适合孩子的资料——专栏、顾问或漫画吗？请与孩子就这些问题进行沟通。你可以为资料的种类设定限度，说明哪些在家里是可以接受的。例如——

我发现这些杂志带有性别歧视并有损女性人格。在现实生活中，女人和男人没有这么完美的体形。我很高兴能和你一起分享几本我觉

得能回答你问题的书。

网　络

　　与孩子可能在网络上发现的形形色色的内容相比，《花花公子》似乎也变得平淡无奇了。在美国，18岁以下的使用网络的儿童超过了3000万。虽然我坚持认为网络为孩子们提供了极好的学习机会，但它也向父母们提出了新的性挑战。怎样在网络上保证我孩子的安全？怎样不让孩子看见裸露的性形象？

　　在有些家庭中，孩子可能比大人更了解如何使用电脑和网络。所以父母必须做的第一件事就是多学习。如果你在工作中不使用网络，那么你最好自学电脑课程，花一些时间上网，熟悉网络系统上有什么可用的东西，有什么类型的家长控制手段，是否有孩子的专属论坛等。和孩子一起上网，是让你们双方认识网络有利和不利影响的一种方法，也是了解我将要讨论的安全问题的一种方法。有一个很棒的网站（www.netsmartz.org）可以帮助你和你的孩子。

　　在网上冲浪，对孩子来说是一种不错的方法，它可以帮助孩子获取数量庞大的各种主题的最新信息。它在深入学习学校课程、发展重要的研究技能、玩游戏和了解文化信息等方面对孩子都很有帮助。但它也是任何年龄段的人获得性资料的最容易的方法。网络也许会为儿童猥亵者提供了接近孩子的机会。

　　在任何搜索引擎中，你的孩子都可以输入"性"一词，然后搜索到大量的相关信息。我第一次这么做的时候很是震惊。在 Google.com 上，有2600万条与"性"这个词相匹配的信息，比我在1998年第一次搜索时多了1000倍。在第一页上，我看到了"免费的色情图片"与"免费的色情片缩略图集锦"。你会在首页上看到诸如"口交"、"肛交"与"色情片"之类的词汇。（相信我，我完全没有提及那些最具冒犯性的词汇。）一旦点击其中的一个网站链接，将会弹出赤身裸体的男女正在进行性交或口交的照片。

如果我的系统中有"父母管控"程序，这样的网站会被屏蔽。已经开发出来的父母管控程序会对你有所帮助。美国在线（AOL）、雅虎和谷歌都已把父母管控作为其服务的一部分。这些管控程序允许父母在孩子使用电脑时，限制他们进入聊天室、查看电子邮件或是上网。问问你的服务商有哪些管控程序可以使用。尽管这些管控程序有可能会屏蔽一些你想让孩子获取的信息，但我认为在家里安装此类程序是明智之举。我很难相信一个在网上冲浪搜索"性"的11岁男孩，会因为屏幕上弹出一条不允许他进入的信息就打消这个念头！

此外，还可以使用一些商业产品。在当地的电脑商店也许能买到电脑巡查（CyberPatrol）、网络管家（Net Nanny）与电脑管家（CyberSitter）之类的家长管控软件。在购买之前，你应该认真审视这些管控软件是否符合你的家庭价值观。

挑选正确的过滤软件可能令人有些眼花缭乱。当然也会有一些网站能够提供帮助，如www.GetNetWise.org。这个网站有一份问卷调查表，询问你想要控制哪些方面的内容。这些过滤软件能够限制孩子上网的时间，禁止孩子访问极端团体与暴力内容，限制孩子发布身份信息。根据GetNetWise的介绍，"几乎所有的过滤软件都会屏蔽明显的色情内容，包括对性行为的描述、裸体图片与色情文本。"还有一些专门针对儿童的浏览器，不显示不恰当的词汇、图片或工具，能够对搜索引擎设定限制，仅展示"适宜儿童"的信息，或是有限的、筛选过的搜索结果。有趣的是，没有任何工具能够做到面面俱到。当我输入所有这些标准时，还没有一款过滤软件能够与所有这些要求相匹配。当我输入符合我家庭要求的内容时，只有两个过滤工具能够满足。

我对家长管控程序的担心还包括，它们也许会屏蔽一些网站信息，而这些信息是你认为适合孩子去了解的。被屏蔽掉的内容也许并不是你的家庭价值观所需要的，我很确定其中大部分并不是我的价值观。GetNetWise 建议家长去查看"是否公司发布了其过滤标准、过滤网站的列表或它用来屏蔽内容的关键词或词组"。由凯撒家庭基金会进行的一项研究发现，当过滤软件被设定成最严格的级别时，不仅色情信息被屏蔽了，1/4 的谈论性问题的健康网站也被屏蔽了。就算把过滤软件设定成最宽松的级别，在搜索"避孕套"、"安全性行为"与"男同性恋"等关键词时，也会有大约 1/10 的健康网站会被屏蔽掉。过滤软件也许会阻碍孩子获取必要的基础信息，比如从美国癌症协会（American Cancer Society）获取有关乳房与睾丸自我检查的信息。我的一位牧师同事说，她在家里的电脑上搜索"慈悲"（compassion）这个词时遭到了禁用，因为这个词中间有"ass"（译注：屁股的意思）。

还有其他一些非电子的、防止孩子接触不合适性资料的办法。一种办法类似于我之前所讲的与电视有关的方法，如不要把能上网的电脑放在你孩子的卧室里。如果孩子可以关起门来无限制地上网，你就很难有办法简单地控制他的使用。把电脑放在客厅、家庭娱乐室或书房，意味着所有的使用都是可见的。建立一些基本的规则也同样重要。

电子邮箱和聊天室有一些其他的问题。孩子会在电子邮箱里收到"垃圾邮件"，这些来路不明的邮件可能实质是性方面的，是公开色情网站的广告或商业信息。另外，孩子在聊天室中会遇到完全陌生的人，他们可能会与孩子交流一些不适宜的内容。更不幸的是，有一些恋童癖患者会利用网络约见孩子。

近期，纽约市一所著名私立学校的校长，因被指控企图在网上与青少年进行性交易而被逮捕。2003 年 10 月在芝加哥郊区，警方在一周之内接连控告一名小学校长传播色情图片以及一名儿科医生藏有 3000 多份关于儿童的色情信息。仅在纽约威彻斯特郡一地，就有 78 名医生、律师、牧师、管理员与教练，因儿童色情图片与教唆儿童进行性交易而被捕。我不得不承认，只要一想到这些事情，就让我恶心得想吐。

毫无疑问，孩子们正暴露在儿童不宜的环境中。2007 年一项全国范围的调查研究显示，在过去的一年中，有 1/7 的 10～17 岁的青少年都曾在网络上收到过色诱信息，有 1/3 的人在无意中看见了网上的裸体或性交图片。大部分青少年表示，他们没有把发生的事情告诉自己的家长。

有很多方法可以帮助孩子安全使用电子信箱、社交网站和聊天室。有些父母选择与孩子共同使用电子信箱的账号和密码，这样做的有利之处是你可以先阅读和浏览他们的电子邮件，不利之处是他们也能接收到你的邮件。一些过滤软件会让孩子的电子邮件先经过你的邮箱账户；问题是，你是否想用这种办法干涉孩子的隐私？如果你不该看他们的邮寄信件，那么你该看他们的电子邮件吗？

与孩子谈谈使用电子邮件时的注意事项，可能是对他们最好的保护。告诉孩子只能打开他们认识的邮件地址发来的邮件，绝对不要打开不认识的地址发来的附件。让他们把收到的任何来源不明的邮件，或是令他们感到不愉快的邮件,都与你看看。设定一个界限,即电子邮件的收发仅限于他们认识的人之间。要确保你知道孩子的邮箱密码,告诉他们你会定期浏览他们的邮箱信息,以便了解他们是否遵守了与父母一起制定的规则。

问问你的孩子,他们想要访问哪些网站,然后与他们一起检查这些网站。告诉你的孩子,绝对不要填写个人资料;事实上,专门面向孩子的网站,在没得到家长许可的情况下,是不允许询问孩子个人信息的。我不允许格雷戈里填写任何个人信息表;事实上,他们提供的个人信息会被某些人利用,用来识别并联系你的孩子。对聊天室的使用也设定限制,只进那些对孩子有益的聊天室;或是告诉你未满12岁的孩子,完全禁止进入某些聊天室。14岁以下的孩子不许登录我的空间(MySpace)与脸书(Facebook)等社交网站。格雷戈里11岁时,要求有即时消息账户(IM),我只允许他给上大学的姐姐或正在工作的爸爸和我发送即时消息。如果他想把某些人添加到他的朋友列表之中,必须先和我们商量一下。

帮你的孩子选一个网名。对一个12岁的孩子来说,"坏女孩"可不是什么合适的网名,"我爱球"也不是什么好名字。不过,它们不像"艾瑞克12波士顿"这样的网名具有危险性,这个名称暴露了太多的个人信息。最好能选一个大人、小孩都通用的不易辨别的名字。重申一次:捕猎者正在寻找孩子;如果账户名称背后的是个成人,他们就会到别处去。

要确保你的孩子知道,如果收到了陌生人的邮件,直接删除即可。如果他们告诉你,自己收到了冒犯性的或危险的邮件,你就应该出手相救,关掉显示屏,联系当地警方。你也可以通过联系国家失踪与受虐儿童中心（National Center for Missing and Exploited Children）的检举热线（800-843-5678），来帮助调查网上的捕猎者与儿童色情狂。

你需要告诉孩子，而且要经常反复地说，在没有得到你的许可和陪伴的情况下，绝对不要在线下与任何人见面。我倾向于拒绝一切这样的约见。在美国康涅狄格州的丹伯里市，发生了一起令人心碎的事件，一名20多岁的男子谋杀了一名他在网上遇到并在邻近购物中心约见的13岁的女孩。你的孩子需要知道，成人可以在网上假扮儿童，这样的约见具有难以想象的危险。

NetSmartz网站上有可供你和孩子打印并签署的有关网络使用的安全承诺。这里有一些他们建议三年级到六年级孩子遵守的规定。你可以把它们打印在一张纸上，然后与孩子共同签署这份承诺，并把它张贴在电脑旁边。在www.netsmartz.org网站上，有可供直接打印的复印件：

◎ 我将和我的父母或监护人进行交流，制定一份上网规则。规则包含：我每天可以上网的时间以及我可以在线访问的适当区域。

◎ 如果我看到任何让我感到害怕、不舒服或困惑的信息，我会告诉父母、监护人或是可以信赖的正负责照看我的成人。在没有得到许可之前，我不会下载任何东西……

◎ 我绝不会分享我的个人信息，比如：我的地址、电话号码、我的家长或监护人的工作地址/电话号码，或是我的学校名称与地址……

◎ 我绝不会回复任何不好的信息或是让我感到不舒服的信息。如果我收到了这样的信息，我会告诉父母、监护人或是可以信赖的正负责照看我的成人，以便他们能够联系在线客服。我也不会发送那样的信息。

◎ 在得到父母或监护人的许可之前，我绝对不会单独与最初在网上"结识"的网友会面。如果父母或监护人同意会面,那么会面将在公共场所进行,且父母或监护人必须一同前往。

NetSmartz还有一些针对儿童的在线互动活动,教给不同年龄段孩子一些与网络安全相关的信息。

最后,你还需要和孩子谈谈与互联网使用有关的法律问题。美国司法部计算机犯罪与知识产权部的部长,玛莎·斯坦赛尔·盖姆(Martha Stansell-Gamm)在《新闻周刊》上写道:"很多决不会去盗窃邮件、CD或毁坏财产的孩子,完全不把通过P2P下载受版权保护的音乐或启动毁灭性的网络病毒当作值得警醒的事情。"你的孩子需要知道,在没有得到你的许可之前,在你没有核实他们的做法是否合法之前,他们不能下载音乐、电影、游戏或软件。

记住,任何控制手段或规定,都没有你与孩子一起参与他们的网络使用那样重要。我的丈夫,拉尔夫·塔特格莱恩研究了互联网与孩子,他在《性信息与性教育报告》中为父母们写了一篇文章,文中这样总结道:

父母们必须花时间学会如何使用网络,必须了解在控制网络使用时自己要扮演的角色。父母首先必须直接与孩子进行沟通,让他们认识到网络使用存在的风险,向孩子解释怎样降低这种风险,建立基于你们家庭价值观和信仰体系的最基本的规则。

Special Issue
特别话题

学校里的性骚扰

遗憾的是,性骚扰是大多数中学生面临的一个事实。学校中的性骚扰被定义为"令人厌恶的和不受欢迎的干涉学生生活的涉及性的行为"。性骚扰包括:讨厌的性议论、性玩笑和性手势;给别的学生留下性画片、性照片和有性内容的便条;针对某个学生,在卫生间和个人衣物柜上胡写乱画有关性的污言浊语;散播性传闻;性炫耀和对外人露出屁股;以性的方式摸、抓或捏别人;以性的方式推挤另一个学生;扒下别人的衣服;以性的方式拦截另一个学生,强迫接吻和强迫性行为。在1993年由美国大学妇女学会(American Association of University Women)指导的一项研究中,有85%的8年级~11年级的女孩和76%的这些年级的男孩报告说,他们曾经是这些行为的受害者。有1/3的6年级以下的学生被性骚扰过,这些学生中差不多有3/5报告他们自己也做过这些令人讨厌的攻击性行为!

学校里的大多数性骚扰公然发生在教室里和走廊上,而不是僻静的地方。一些学生经常被别的学生骚扰,但有1/5的案例是被成年人骚扰。学生们表示,这些类型的性骚扰影响了他们的生活,特别是女孩,在性骚扰事件发生后她们感到缺乏信心,更害怕上学。

遗憾的是,这项研究也发现,学生经常没有告诉大人他们发生的

这些事件，只有1/7的学生告诉了老师，1/4的学生告诉了父母。父母要和孩子谈谈是否有任何一种这样的事情发生在他们身上，如果需要处理的话，他们会怎么一起解决。你可以用一些有关性骚扰的新闻故事开始这种讨论：

我今天读到，学校的性骚扰正不断增加，我不知道你在这方面有没有遇到什么麻烦。

如果学校要保护学生不被性骚扰，校方就需要制定与性骚扰相关的规则，对犯错误的人予以明确的惩罚，与学生和家长沟通应当建立怎样的投诉性骚扰的明确步骤。问问校长或老师，学校的这些政策是什么，若遇到了性骚扰，学生该怎样与老师沟通。如果学校还没有相关政策的话，建议形成一个起草规则的委员会。这些规则应该在每个学年的开始发给学生家长。

孩子需要知道，如果情况变得不可控制时，父母会立刻插手。孩子们可能学着说"走开！别来烦我！"但是在有些情况下，他们需要父母的帮助。在艾丽莎上七年级时，一位同学开始骚扰她，起初是往她的储物柜里塞纸条，很快就变成了经常打骚扰电话，给我们家送来讨厌的比萨饼，发威胁性的电子邮件。在比萨饼和电子邮件事件之后，我立即到学校找校长助理，并且明确声明，如果学校不能制止这种行为，我会正式起诉与此事有关的那个青少年。我催促校方对这个青少年的骚扰进行干预。我们准备去警察局，但希望让学校先处理这件事情。幸运的是，我们与这个男孩、他的父亲和校长助理进行了一次会面，终止了这些侵犯行为。但是我必须承认，这对我们所有人来说都够可怕的。

与孩子一起制定并执行网络使用的规则,是对他们最好的保护。比如,电子邮件的收发仅限于认识的人之间,一起检查需要浏览的网站,只进入对孩子有益的聊天室,绝对不要填写个人资料等。需要反复对孩子说,在没有得到父母许可和陪伴的情况下,绝对不要在线下与任何人见面。

怎样评价家庭以外的性教育

大多数父母都希望能对孩子进行健康的性教育。最近的民意测验显示，4/5 的父母希望学校提供性教育课程。遗憾的是，尽管有这么广泛的支持，但从幼儿园到高三，只有 5% 的学生接受了正式的性教育。

现在你或许在想，"慢着，幼儿园的基本任务是什么？"哦，我相信性教育像其他的学校科目一样，其真正的目标是帮助孩子发展成人的行为——能否看报纸或小说（阅读），能否让你的支票簿平衡（数学），是否会投票（公民），或能否形成健康的成人性关系（性教育）。与为了能阅读英语文学作品、在高中能做计算，而需要先在幼儿园里学习字母和数字一样，在幼儿园和小学阶段为孩子打下一些性基本概念的基础，也将为他们未来做好性方面的决定做准备。

据性教育课程的教师介绍，在高年级的课程中，那些曾受过性教育的孩子，在接受更复杂的问题信息，如避孕和预防性传染病时，他们有着更好的准备。一位教师曾与我说过："六年级的学生为讨论青春期做好了准备，在为他们上课时你不会觉得尴尬，不会遇到咯咯笑和脸红的情况。你总是能区分出刚入门的孩子和已经早点儿做了些准备的孩子。"

父母怎么知道学校课程好不好呢？一个好的性教育教学课程不仅是关于性的，它不只是讲生理解剖结构和生育（我称它为"管道工程课"，我的一位同事则称之为"器官独奏曲"），也不仅是讲怎样预防少女怀孕和性传染病，性教育课程应该围绕着性的总体——人类的成长和发展、个人能力、关系、性健康、性行为和我们文化中的性。

1991年，性知识教育理事会召集美国国家指导方针专门工作组（National Guidelines Task Force），确立了一个性教育的示范框架。2006年，他们更新了这个示范框架，确认了四点性教育的重要目标。问问孩子的学校，他们是否：

◎ 提供了全面的基础信息。本书第229页的图表列出了一份全面的性教育计划，它应该包含37个主题。

◎ 给青少年检验自己价值观和态度的机会，引导他们在不同信仰的氛围中学会倾听别人的价值观和态度。

◎ 掌握诸如沟通、决策、怎样对同伴压力说"不"等个人和人际关系能力。

◎ 帮助中学以上的青少年发展关于性关系责任心的能力、处理节欲的能力、抵制在未成熟时卷入性关系压力的能力，以及如果发生性行为时会使用避孕等性健康措施的能力。在节欲和避孕、防止性传染病之间能找到一个很好的平衡吗？

了解谁在教这门课，也很重要。有太多这样的情况，被安排来讲授性教育课的老师几乎没有接受过正式的训练，或者没有足够的讲授这门课的背景。

当我的孩子接受学校性教育的时候，我提出了以下的问题：

◎ 这位老师为什么被选来教这门课？

◎ 他是自愿来教这门课的吗？

◎ 在讲授性教育课方面，他接受过什么样的专业训练？

◎ 他主修过师范学院的健康教育专业吗？

◎ 他能证明所教的是关于性的内容吗？

◎ 他最近参加过什么在职培训班吗?
◎ 他们曾经被性教育专家观察和督导过吗?

对于父母来说,重新审查课程、检查开课前所用的资料很重要。如果孩子的学校没有性教育教学大纲,我会要求他们在开课前举行一次父母会议。以下是你可以问老师的一些问题:

◎ 请告诉我你在性教育教学方面的背景。
◎ 你怎样处理孩子们提出的与敏感话题有关的问题?
◎ 有超出限制的话题吗?
◎ 会有测验和家庭作业吗?
◎ 会用什么样视听材料?我有机会提前看看吗?
◎ 你是用多样化的教学方法,还是只讲课和放录像?

好的性教育课程不只是对青少年讲课。专家认为性教育课程可分三个学习领域:认知的,即了解相关知识;情感的,即讨论和分享人们的价值观和感情;行为的,即掌握相关的技能技巧。要询问教学大纲是否延伸到了讲课和录像之外。一个好的课程会包括如角色扮演、群体练习、增长技能、团体讨论、安排亲子家庭作业以及两性分开教学的时段等等。

一个好的性教育课程会要求父母参与,询问是否安排有父母和孩子一起做的家庭作业,询问是否会安排亲子之夜。一个好的课程会允许父母在仔细审查过后,决定它是不是自己希望孩子接受的那种课程,他们可以选择孩子不去上课,但是父母需要在家认真阅读这些资料。

了解性教育课程的价值观和原则,不应该以"我们学校里不教价值观"这种类似的态度来做简单的回答。每一个性教育课程都应该基于一套价值体系，学校应该明确地告诉学生的父母。我认为，学校与学生要分享的重要价值观有如下几点：

◎ 性是生活中自然和健康的组成部分。

◎ 所有人都有性的方面。

◎ 每个人都有尊严和自我价值。

◎ 父母是孩子最初的性教育者。

◎ 家庭应当与孩子分享自己的性价值观。

◎ 人们应该尊重和接受社区中存在的多元性价值观。

◎ 性关系决不应是强制性或剥削性的。

◎ 所有的孩子都应该被爱并得到关心。

给中学孩子的：

◎ 所有与性有关的决定都有其影响和后果。

◎ 所有人都有权利和义务做负责任的性选择。

◎ 在孩子成长的过程中，他们的性价值观在不断发展。

◎ 未成熟就参与性行为会产生危险。

◎ 在中学阶段，不性交是避免怀孕和包括艾滋病在内的性传染病的最有效方法。

性教育课程中包括的题目

- 人类发展
    - 人体解剖结构
    - 生育
    - 青春期
    - 身体形象
    - 性取向

- 关 系
    - 家庭
    - 友谊
    - 爱
    - 约会
    - 结婚及日后承担的责任
    - 抚育孩子

- 个人技能
    - 价值观
    - 做决定
    - 沟通
    - 决断
    - 谈判
    - 寻找帮助

- 性行为
    - 生活中的性
    - 手淫
    - 分享性行为
    - 禁欲
    - 人的性回应
    - 性幻想
    - 性机能障碍

- 性健康
    - 避孕
    - 流产
    - 性传染病,包括艾滋病
    - 性侵害
    - 生育健康

- 社会与文化
    - 性与社会
    - 性别角色
    - 性与法律
    - 性与宗教
    - 多样性
    - 性与艺术
    - 性与媒体

资料来源:性知识教育理事会,性教育指南,1996。

后 记

在今天，做父母是不容易的。孩子们也面临着诸多难题。现实情况是，今天的孩子对性的接触比以前的孩子要早得多。艾滋病的传染已使性教育成了生死攸关的问题。我们在六七年级经历青春期时就已经遇到不少困难了，今天的青少年会面临更多的压力。你的孩子该怎么做？

1994年，性知识教育理事会召集成立了国家青少年性健康委员会（National Commission on Adolescent Sexual Health），这是一个由一流的青少年成长与发展专家组成的团体。他们在大量调研工作的基础上拟定出了一份性健康青少年特征一览表。我对此表格进行了修改。这些问题适用于从学龄前到上中学的孩子，事实上，它们中的许多指标也适用于成年人！

你的孩子：

◎ 对他（她）的身体感觉良好吗？

◎ 知道他（她）所有身体部位的正确名称吗？

◎ 如果孩子是8岁以上，他（她）了解青春期的变化吗？

◎ 知道这些变化是正常的吗？

◎ 理解电视和电影中传达的爱和浪漫是非现实的吗？

◎ 既有同性的好朋友，也有异性的好朋友吗？

◎ 如果一位朋友向他（她）施加压力，让他（她）去从事不好的行为，孩子知道该怎么办吗？

◎ 作为一名家庭成员，你的孩子在家里帮忙解决过问题吗？

◎ 尊重别人的权利吗？

◎ 对老师、年轻的领导和其他成人表示尊重吗？

◎ 与父母谈与性有关的问题时，觉得自在吗？

◎ 容易接受成年人的指导吗？

◎ 对别人表示同情吗？

◎ 如果有人以不合适地或令他（她）感到不舒服的方式触摸他（她），他（她）知道该怎么做吗？

◎ 尊重父母的和其他兄弟姐妹的隐私权吗？

你的孩子不可能在这个核查表上得完美的100分——许多成人也不能得完美的100分，但是帮助孩子发展这些能力是父母职责的一部分。你将会帮助他们成长为性健康的成年人。

如果对上述任何一个问题，你的孩子严重缺乏正确的认知和处理能力，那么父母应当和他们一起解决。如果你的孩子没有任何朋友，经常对你撒谎，或者存在与其年龄不适的什么行为，那么你要考虑寻求专业人士的帮助。

  同时，你也要注意放松一些，别忘了欣赏你的孩子。教他们有关性的内容，也是做父母的快乐之一。是的，它可能是挑战，但也可能是快乐、有趣而温暖人心的。这会让你的孩子知道：就算出现了问题，遇到了什么困难，父母也总是和他们在一起。

  在格雷戈里出生之前，7岁的艾丽莎问我："妈妈，你会告诉新宝宝你告诉过我的所有关于宝宝和身体的东西吗？"我问她怎么想，她回答："我希望这样，我们能讨论这些事情，这是多么棒啊！"

  请记住，在孩子年幼的时候就与他们讨论性内容，这将会让你们的青春期性讨论变得容易得多。激动人心的、富有挑战性的青春期世界就在眼前！

致 谢

写这本书的过程非常愉快！尽管我的写作时间大多在太阳升起之前，但在写作过程中，我感受到了很多人的支持。

我很感激性知识教育理事会（SIECUS）的工作人员与董事会，感谢他们对本书第一版的鼓励与支持。从该机构两本优秀出版物《从幼儿园到12年级综合性教育指南》（*Guidelines for Comprehensive Sexuality Education, Kindergarten-Twelfth Grade*）与《从头开始：从出生到5岁的性问题指南》（*Right from the Start: Guidelines for Sexuality Issues, Birth to Five Years*）的各章中，我汲取了很多有关儿童的内容。

我很感激艾米·莱文（Amy Levine），她主导了本书大部分辛苦的研究工作。她总是主动热心地深挖来源不清的参考资料和事实，以及每个微小的细节。

我很感谢我的朋友和同事，感谢他们与我分享养育孩子的故事。为了保护他们的隐私，我改变了这些孩子的名字。我特别要感谢怡莱尼·瓦齐斯（Ilene Wachs）、琳达·拜尔林格（Linda Bearinger）、伊丽莎白·费尔德曼博士（Dr. Elizabeth Feldman）、斯科特·斯皮尔博士（Dr. Scott Spear）、芭芭拉·李维·伯利纳（Barbara Levi-Berliner）、乔迪·华莱士（Jodi Wallace）与佩柏·舒瓦茨博士（Dr. Pepper Schwartz），感谢他们与我分享他们的故事。我还要感谢自本书第一版问世以来，数以千计的与我分享故事的家长朋友们。

我很感激那些阅读了本书手稿的同事和朋友们。感谢沙浓·克里斯淘客（Shannon Colestock）、路西娜·法奈丽博士（Dr. Rosella Fanelli）、芭芭拉·李维-伯利纳（Barbara Levi-Berliner）、道格·卡比博士（Dr. Doug Kirby）、鲍勃·赛尔维思通博士（Dr. Bob Selverstone）、佩柏·舒瓦茨博士（Dr. Pepper Schwartz）与莫妮卡·罗德里格斯（Monica Rodriguez）。他们的评论与建议为本书增色添彩。

就个人而言，我非常感谢佩柏·舒瓦茨博士，感谢她使我确信自己内心有需要表达和分享的内容，并教我如何写出一本书。

这本书诞生在"复兴周末"，我在那里初次遇到了新市场出版社的出版人艾斯特·玛格丽丝（Esther Margolis）。感谢菲尔（Phil）和琳达·拉德（Linda Lader），是他们让我参与了这样的周末，向我敞开了一个新的世界。

感谢艾斯特坚信这一课题的重要性，感谢她不遗余力的帮助。感谢我的编辑、新市场出版社的艾丽莎·奥特曼（Elissa Altman），她的热心关怀，使这本书更加出色。

我还要感谢我的父母，哈莉特·哈夫纳·赫瑟林顿（Harriet Haffner Hetherington）与索尔·哈夫纳（Saul Haffner）。在温暖的家里，感谢他们在我成长过程中，赋予我优质的性教育。那些早年餐桌上的讨论，成为本书的基础。我很幸运，他们是我的父母和朋友。

这本书还应归功于我的丈夫拉尔夫·塔特格莱恩和我们的两个孩子艾丽莎与格雷戈里。他们三个是我日常生活中的老师，是我的支撑，也是我生命中的挚爱。没有他们，本书将不可能问世。

附 录

相关信息索引

我希望本书已经解答了读者的疑问和担忧。但我同时更希望本书能引发你更多的思考,提出更多的疑问。我始终坚信,坚持不懈地寻找、收集相关更多的资源与信息,是有价值的。

当我有疑问时,我也会向相关机构求助。本附录囊括了这些机构的名称和联系方式,包括一些你可以与孩子分享的书目,以及部分对你可能有用的热线电话和网站地址。

其中的一部分资源,得到了美国性知识教育理事会的许可,在其编注的《家庭性知识教育参考资料》的基础上,我进行了改编,增加了很多非常有用的网站地址等资源。

网站资源

实际上，有很多网站可以为家长对孩子进行性教育提供信息和帮助，以下是一些我最喜欢的网站。

www.advocatesforyouth.org

青少年倡议组织（Advocates for Youth）在机构的网站里建立了一个家庭性教育中心。该网站除了列出一些其他的能帮助家长和青少年的网址之外，还分享了一些全美最权威的性教育专家的文章，供家长和青少年学习。

www.cfoc.org

这是"马里兰州儿童运动"（Campaign For Our Children In Maryland）活动的网站，上面有专为家长开设的分区，其中包括关于"如何与孩子学校的董事会讨论性教育"的版块。当然，该网站也有专为青少年开设的分区。

www.drspock.com

这是 Spock 医生（Dr. Spock Web）的网站，我曾为这个网站撰写了很多关于性教育的文章，网站上儿科医师们撰写的文章也相当有参考和学习价值。

www.familiesaretalking.com

美国性知识教育理事会（The Sexuality Information and Education Council of the United States）为了帮助需要的家长，专门开设了这个独立的网站。

www.plannedparenthood.org

美国计划生育基金会（Planned Parenthood Federation of America）的网站提供了"供家长和其他成人参考的资源"栏目，以及任何你想知道的关于避孕的内容。

www.talkingwithkids.org

凯撒家庭基金会（The Kaiser Family Foundation）赞助了这个网站，内有指导如何与儿童和青少年沟通如酗酒、毒品、艾滋、暴力和性议题等问题的文章。

阅读资源

以下是我自己非常喜欢的、推荐读者与孩子一起分享的书目。所有列出的书都应该在当地书店或亚马逊网站上能找到。这些书探讨了不同价值观体系下的性观点，所以在把书推荐给孩子阅读之前，请先自己浏览一遍，以免书中讨论的价值观与你家中的价值观不符。

☆ 适合3~8岁儿童

《父母的秘密：如何跟男孩和女孩讨论性》
（*What's the Big Secret? Talking About Sex with Girls and Boys*）

  作者：Laurie Krasny Brown、Marc Brown（New York: Little Brown，2000）

  这曾经是格雷戈里最爱的关于性的书，介绍了男孩与女孩的区别，涵盖了解剖学、生殖、怀孕、隐私以及生育等问题。

《你是如何诞生的》（*How You Were Born*）

  作者：Joanne Cole（New Jersey: HarperTrophy Publishers，1994）

  用彩色图画通俗易懂地讲解了生育的问题。

《你出生前的太阳也是这么明亮吗？》（*Did the Sun Shine Before You Were Born?*）

  作者：Sol and Judith Gordon（New York: Prometheus Books,1992）

  这是一部经典作品，从怀孕讲到出生。

《生日快乐！》（*Happy Birth Day!*）

  作者：Robie Harris（Cambridge, MA: Candlewick Press, 2002）

  本书以父母的口吻，充满爱地讲述了一个令人欣慰的故事：一位新生儿在医院诞生，在他生命的第一天……

《海瑟有两个妈妈》（*Heather Has Two Mommies*）

  作者：Leslea Newman（Los Angeles: Alyson Publications, 2000）

跟《爸爸的室友》一书有些相似，不过这本书描绘了两个同性恋母亲的角色。

《我是如何诞生的》（*How Was I Born?*）

作者：Lennart Nilson、Lena Katarina Swanberg（New York: Dell Publishing, 1996）

书中有很多非常棒的胎儿的照片。格雷戈里非常喜欢其中那张"我出生前是什么样子"。这也是一本从怀孕的时候就可以与孩子一起捧读的好书。

《你是如何长大的：一本关于身体的图画书》
（*See How You Grow: A Lift the Flap Body Book*）

作者：Dr. Patricia Pearse、Edwina Riddel（New York: Barrons' Juveniles, 1991）

这本书为稍大一点的儿童设计（5~8岁），内容包括胎儿发育、婴儿期、童年期、青春期以及成年后的身体结构等。书中折叠式的插页设计让本书读起来趣味盎然。

《孩子是从哪儿来的》（*Where Do Babies Come From?*）

作者：Angela Royston（New York: DK, 2001）

一本很好的介绍生育的书，内有很多漂亮的插画，适合学龄前到一年级的儿童阅读。

《从肚脐眼应该叫什么开始》(*Belly Buttons Are Navels*)

作者: Mark Schoen (New York: Prometheus Books, 1990)

本书可以让学龄前儿童大声朗读,讲解了男孩和女孩在身体结构上大部分是相同的,也规范了很多生殖器的正确名称。

《我的身体是隐私》(*My Body Is Private*)

作者: Linda Walvoord (Morton Grove, IL: Albert Whitman and Co., 1992)

这是我读过的帮助学龄前儿童预防性侵犯的最棒的一本书。本书以一位家长的温柔口吻,向孩子讲述了这些难以开口的问题。

《爸爸的室友》(*Daddy's Roommate*)

作者: Michael Willhoite (Los Angeles: Alyson Publications, 1991)

一本讲述两个相爱的男人甜蜜生活的书,很适合同性恋家庭阅读。但我同样把这本书介绍给了我的两个还在读幼儿园的孩子,用来向他们解释同性恋的话题。

☆ **适合9~12岁儿童**

对于这个阶段的青春期女孩儿,有很多书可供她们阅读,但很少有为同龄男孩编写的书。书籍不能完全替代父母们在青春期问题上的教育,但可以作为在听完父母的教育之后,孩子们自己用来参考和思考的很好的资源。

《女孩儿的那些事儿：一本成长指南》

(*Girl Stuff: A Survival Guide to Growing Up*)

作者：Margaret Blackstone、Elissa Haden Guest（San Diego: Gulliver Books, 2006）

这本书涉及了很多准青春期女孩和青春期女孩可能会面临的问题。开明的家长会很喜欢本书，但保守的家长可能认为本书关于性的讨论有些过多了。

《月信书》(*The Period Book*)

作者：Karen Gravelle、Debbie Palen（New York: Walker and Company, 2006）

用轻松、有趣的口吻为初来月经的少女解答她们需要了解的知识。

《从男孩到男人：关于青春期和自己》

(*From Boys to Men: All About Adolescence and You*)

作者：Michael Gurian（New York: Price Stern Sloan Publishing, 1999）

一本关于青春期的小书，适合小学高年级和初中的男孩阅读。

《这些都是正常的：变化的身体、性和性健康》

(*It's Perfectly Normal: Changing Bodies, Sex and Sexual Health*)

作者：Robie Harris（Cambridge, MA: Candlewick Press, 2004）

一本准青春期少男少女们的必读书。本书用彩色风趣的图画讲解了青春期会遇到的身体变化，青春期是什么以及会有什么样的感受。

男孩和女孩都适合阅读。

《太神奇了！》（*It's So Amazing*）

作者：Robie Harris（Cambridge, MA: Candlewick Press, 2004）

相对上一本《这些都是正常的》一书，本书更基础，适合于1～5年级的儿童。孩子们会喜欢它的风趣幽默、简单易懂，而我最喜欢本书的一点是，它的插画可以让不同背景的家庭都能理解。

《男人书：一名拥有者的指南》
（*The Guy's Book：An Owner's Manual*）

作者：Mavis Jukes（New York: Crown Publishing Group, 2002）

这是一本简单直接的书，从小学高年级到高三的男孩儿都可以阅读。但对某些家庭来说，这本书可能有些过于直白。

《月信》（*Period*）

作者：Joann Loulan、Bonnie Worthen（Minnetonka, MN: Book Peddlers, 2001）

这本经典读物在2001年再版，并配上了新的插画，它介绍了女生月经和青春期的变化。不过有些家长可能认为本书的某些内容过于超前了。

《准备好了，成长！》（*Ready, Set, Grow!*）

作者：Lynda Madaras（New York: Newmarket Press, 2003）

这是Lynda Madaras专为8～11岁女孩儿创作的书。书中直接的用辞、简单的问答和可爱的插画一定会吸引这个年龄段的女孩儿。

《我的身体怎么了？（女生版）》

(*The "What's Happening to My Body?" Book for Girls*)

作者：Lynda Madaras（New York: Newmarket Press, 2007）

这是一本我会为我朋友的女儿买的书，内容涉及青春期、解剖学、月经、性行为、性传播疾病以及青春期心理。它还有一本配套的书《我的身体：写给女孩儿》。

《我的身体怎么了？（男生版）》

(*The "What's Happening to My Body?" Book for Boys*)

作者：Lynda Madaras（New York：Newmarket Press, 2007）

本书是系列书的男生版，同样涉及青春期、解剖学、生理变化、女孩儿、性传播疾病和心理变化等，另外还有专门属于男孩的一章"射精、高潮、勃起、自慰和春梦"。本书也有一本配套书《我的身体：写给男孩儿》。

《怎样照顾好自己的身体：写给女孩儿》

(*The Care and Keeping of You: The Body Book for Girls*)

作者：Valorie Schaefer（Middletown, WI: Pleasant Company, 1998）

本书把身体从头到脚进行了详解，介绍了基本生理知识和卫生常识。对于保守的家长来说，本书或许会很讨喜，因为它是少有的不涉及性的青春期读物。

《我的身体怎么了？一本让女孩获得成长、美丽和自信的问答书》
(*What's with My Body? The Girls' Book of Answers to Growing Up, Looking Good and Feeling Great*)

作者：Selene Yeager（New York: Prima Lifestyles, 2002）

由 Rodale 出版社的健康专栏作者写的一本问答形式的书，为青少年女孩提供了面对各种健康问题的应对建议。

机构资源

下面列出的一些机构可以帮助家长与孩子讨论性问题。当然，你也可以到当地的图书馆、儿科医生、健康部门、计划生育联盟（Planned Parenthood Affiliate）、家长—教师协会、基督教或犹太教堂、医院的健康教育部门、男孩或女孩俱乐部（Girls or Boys Club）、童子军（Girls or Boys Scouts）、校医院护士、学校辅导老师、联合之路（United Way）、基督教青年会（YMCA）以及基督教女青年会（YWCA）等机构和个人处寻求更多的帮助。

青少年倡议组织（Advocates for Youth）

2000 M Street, NW, Suite 750, Washington, DC 20036

（202）419-3420; www.advocatesforyouth.org

青少年倡议组织是一个关注预防青春期早孕、艾滋病以及青少年性健康的国家性组织。打电话可以领取他们最新的出版物目录。

美国儿科学会（American Academy of Pediatrics）

141 Northwest Point Boulevard, Elk Grove Village, IL 60007

（847）434-4000; www.aap.org

美国儿科学会是有国家正式认证的儿科医生的会员组织。该网站有关于儿科医学的最新新闻，为家长们准备了小手册和一本非常棒的学校健康问题指南。

美国图书馆协会（American Library Association）

50 East Huron Street, Chicago, IL 60611

（800）545-2433；www.ala.org

美国图书馆协会为家长和孩子提供了各个主题的阅读书单，其中就有关于性教育的，还可以通过该协会网站的审查系统获取更多的好资源。

美国医学会（American Medical Association）

515 N. State Street, Chicago, IL 60610

（800）621-8335; www.ama-assn.org

这是美国最大的医学组织，其青少年健康分部为家长提供了很好的资源。在他们的网站上，你可以很容易搜到医学方面的信息。

美国心理协会（American Psychological Association）

700 First Street, NE, Washington, DC 20002

（800）373-2721; www.apa.org

联系美国心理协会可以得到经过训练的、持证的心理医生的参考意见。

疾病防控中心—国家预防信息网络

（Center for Disease Control and Prevention—National Prevention Information Network）

这是联邦政府管辖的组织，提供了大量的关于HIV预防的信息，也是当你需要了解艾滋病新知识时的好去处。

媒介素养中心（Center for Media Literacy）

23852 Pacific Coast Highway, #472, Malibu, CA 90265

（310）456-1225; www.medialit.org

从这个网站上，你可以找到非常棒的关于如何与孩子分享电视的建议。

美国儿童福利联合会（Child Welfare League of America）

2345 Crystal Drive, Suite 250, Arlington, VA 22202

（703）412-2400; www.cwla.org

美国儿童福利联合会能够提供关于儿童寄养、青少年早孕以及儿童收养方面的非常有价值的资料。

ETR协会（ETR Associates）

4 Carbonero Way, Scotts Valley, CA 95066

（831）438-4060; www.etr.org

写信或打电话，可以向该机构索取最新的出版物目录。ETR还出版有《当性成为问题》一书，为家长和教师提供了很好的指导意见。

女孩公司（Girls, Incorporated）

120 Wall Street, 3rd Floor, New York, NY 10005-3902

（800）374-4475; www.girlsinc.org

女孩公司这个组织在全国各地都有小学到青春期女孩可以参加的俱乐部。我特别推荐他们为准青春期少女提供服务的母女项目。

母亲的声音（Mothers' Voices）

150 West Flagler Street, Suite 1820, Miami, FL 33130

（305）347-5467; www. mothersvoices.org

这个组织致力于促进母亲参与预防艾滋病传染的行动中。他们的出版物中有可供家长阅读的小册子，在网站上也有相关资源和信息。

国家收养委员会（National Council for Adoption）

225 North Washington Street, Alexandria, VA 222314

（703）299-6633; www.adoptioncouncil.org

这个组织为收养孩子的家庭提供帮助。

当你怀疑孩子受到了性侵或正面临性侵时，以下两个组织能帮到你。

国家防止虐待与遗弃儿童中心

（National Center on Child Abuse and Neglect）

P.O. Box 1182, Washington, DC 20013-1182

（202）205-8586; www.casanet.org/library/abuse/nrccan.htm

国家儿童性侵害信息中心

（National Resource Center on Child Sex Abuse）

Central Bank Building, Huntsville, AL 35801

（800）KIDS-006

国家预防青少年早孕组织

（National Campaign to Prevent Teen Pregnancy）

1776 Massachusetts Avenue, NW, Suite 200, Washington, DC 20036

（202）478-8500; www.teenpregnancy.org

该组织致力于改善美国青少年早孕的问题，网站上有关于家长如何参与进来的介绍。

国家饮食障碍协会（National Eating Disorders Association）

603 Stewart St., Suite 803, Seattle, WA 98101

（206）382-3587; www.nationaleatingdisorders.org

如果你怀疑儿子或女儿患上了饮食障碍症，那么这个组织能帮到你。

国家教育协会—健康信息网络

（National Education Association-Health Information Network）

1201 16th Street, NW, Suite 216, Washington, DC 20036-3290

（202）833-4000; www.nea.org/hin

国家教育协会是美国最大的两个教师联合会之一。在他们的健康信息网络上，有关于艾滋病预防、学校健康教育和性知识教育的内容。

国家残障儿童和青少年信息中心

(National Information Center for Children and Youth with Disabilities)

P.O. Box 1492, Washington, DC 20013-1492

(800)695-0285; www.nichcy.org

这个组织的网站可以让有发育障碍儿童的家庭找到有帮助的信息，也有关于如何向残障儿童进行性教育的资源。

国家妇女儿童健康中心 健康资源和服务管理部

(National Maternal and Child Health Clearinghouse Health Resources and Services Administration)

Parklawn Building, 5600 Fishers Lane, Rockville, MD 20857

(888)275-4772; www.ask.hrsa.gov

这个中心由美国联邦政府出资赞助，能提供关于怀孕、儿童健康以及幼儿护理的内容。

国家青少年怀孕、养育及预防组织

(National Organization on Adolescent Pregnancy, Parenting and Prevention)

509 2nd Street NE, Suite 350, Washington, DC 20037

(202)547-8814; www.healthyteenerwork.org

这个组织提供很多关于青少年怀孕、生育以及预防的资源，其出版的简报对家有青春期孩子的家长很有帮助。

同性恋者家长、亲人和朋友联合会

（Parents, Families, and Friends of Lesbians and Gays）

1726 M Street, NW, Suite 400, Washington, DC 20036

（202）467-8180; www.pflag.org

这是一个家有同性恋者的互助会。尽管大部分内容是为青春期及更大孩子的家长们提供帮助，但也资料关于早期儿童的性别议题。他们出版的小册子"我们与众不同的孩子"，对那些困惑于孩子性取向的家长们可能有所帮助。

美国计划生育联合会（Planned Parenthood Federation of America）

434 West 33rd Street, New York, NY 10001

（212）245-1845; www.plannedparenthood.org

美国计划生育联合会是全国最大的提供计划生育服务的组织。他们为家长们出版一些非常棒的小册子，他们的分会在全国各地社区为家长们提供各种教育项目。

美国反虐待儿童协会（Prevent Child Abuse America）

500 N. Michigan Avenue, Suite 200, Chicago, IL 60611

（312）663-3520; www.preventchildabuse.org

国家反强奸、虐待和乱伦组织

（Rape, Abuse, and Incest National Network）

2000 L Street NW, Suite 400S, Washington, DC 20036

（800）656-HOPE; www.rainn.org

这个组织可以在你遭遇强奸、性虐待和乱伦的情况时提供帮助。

关于性道德、正义和疗愈的宗教研究所

（Religious Institute on Sexual Morality, Justice, and Healing）

90 John Street, Suite 704, New York, NY 10038

（212）819-9770; www.siecus.org

这是我在2001年创立的组织，它包括了与性有关的宗教组织资源，以及宗教机构中的性教育课程资源。

搜索研究所（Search Institute）

The Banks Building, 615 First Avenue NE, Suite 125, Minneapolis, MN 55413

（612）376-8955; www.search-institute.org

搜索研究所倡导健康的儿童、青年和社区。他们的"家庭信息"版块囊括了很多关于如何成为成功家长的报告，报告的背后都有证据支撑。

美国性知识教育理事会（SIECUS）

90 John Street, Suite 704, New York, NY 10038

（212）819-9770; www.siecus.org

这是我曾经领导过的组织。该组织有大量的小册子、书目和为教师提供的资源，还有专门为家长提供服务的网站。

社区青少年医生组织（Society for Adolescent Medicine）

1916 NW Copper Oaks Circle, Blue Springs, MO 64015

（816）224-8010; www.adolescenthealth.org

致电他们，就可以拿到你所在区域的专注于青少年身体健康的医生名单。

仿真身体娃娃（Teach-A-Body Dolls）

7 Dons Drive, Mission, TX 78572

（956）581-9959; email: TABDOLL@aol.com

热线电话

接下来的 800 热线电话都由受过训练的顾问或教育者接听。他们能够在你遇到问题时，为你提供解答，或引导你向当地的合适机构寻求帮助。

美国饮食协会营养热线

（American Dietetic Association Nutrition Hotline）……（800）366-1655

全国性传播疾病热线

（National STD Hotline）……………………………（800）227-8922

家庭暴力热线

（Domestic Violence Hotline） ……………………………（800）799-7233

国家艾滋热线

（National AIDS Hotline） ………………………… 英语 （800）342-AIDS

………………………………………………………… 西班牙语 （800）344-7432

………………………………………………………… 聋哑人 （800）243-7899

国家饮食障碍筛选诊断热线

（National Eating Disorders Screening Program）…………（800）969-6642

国家反虐待儿童热线

（National Child Abuse Hotline）………………………（800）4A-CHILD

国家男同性恋和女同性恋热线

（National Gay and Lesbian Hotline）……………………（888）843-4564

美国计划生育基金会

（Planned Parenthood Federation of America）……………（800）230-7526

图书在版编目（CIP）数据

从尿布到约会：家长指南之养育性健康的儿童：从婴儿期到初中 /（美）黛布拉·W.哈夫纳著；王震宇，张婕译. — 上海：上海社会科学院出版社，2017

ISBN 978-7-5520-2183-7

Ⅰ.①从… Ⅱ.①黛… ②王… ③张… Ⅲ.①性教育—家庭教育 Ⅳ.① G479

中国版本图书馆 CIP 数据核字（2017）第 288807 号

FROM DIAPERS TO DATING: A Parent's Guide to Raising Sexually Healthy Children
Copyright © 1999, 2000, 2004, 2008 by Debra W. Haffner
Published by arrangement with HarperCollins Publishers.

上海市版权局著作权合同登记号：图字 09-2017-766 号

从尿布到约会

著　　者：	［美］黛布拉·W.哈夫纳
译　　者：	王震宇　张婕
责任编辑：	杜颖颖
特约编辑：	鲁小彬
插　　画：	孙万帅
封面设计：	主语设计
出版发行：	上海社会科学院出版社
	上海市顺昌路 622 号　　邮编 200025
	电话总机 021—63315900　销售热线 021—53063735
	http://www.sassp.cn　　E-mail：sassp@sassp.cn
印　　刷：	天津旭丰源印刷有限公司
开　　本：	710mm×1000mm　1/16
印　　张：	17.5
字　　数：	150 千字
版　　次：	2018 年 3 月第 1 版　2023 年 10 月第 8 次印刷

ISBN 978-7-5520-2183-7/G·708　　　　　　　　　　定价：42.80 元

版权所有　翻印必究